時偕行

中国传统节俗文化的现代转化

黄意明　孙伯翰 ——　著

上海文化出版社

《端午佳果》

清 吴昌硕

《秋冥》

当代 何家英

《双燕》 现代 吴冠中

《缂丝七夕乞巧图轴》 清 爱新觉罗·弘历

《花好月圆图》 现代 丰子恺

《菊酒图》 现代 齐白石

前言

中国传统节俗属于中国传统民俗，是我国优秀传统文化的一部分。

节日最早的起源，或许和先民对时间意识的觉醒有关。早期人类目睹日出日落，草木之盛而衰，衰而复生，很自然地会产生日夜和年岁的观念。特别是中国人的时间观，是很有特点的，既不属于康德非现象的先天直观，也不是一般所言的物理时间，而是具有丰富内容的感性时间。人们在社会生活中，或祭祀祖先，或感谢天地山川，或缅怀先贤，或庆祝丰诞，这些重要事项慢慢形成了节日。自然界春生夏长，秋收冬藏，呈现出规律性，而节日和自然规律紧密呼应，形成了春夏秋冬不同的节庆。因此节日可看作时间的具象化和重要节点。

考察中国现在仍有影响力的六大节日，清明在农历三月，此时自然界燕飞草长，清洁明净，旧物已逝，新物方盛，因此节俗的内容也是与此相关的踏青祭祀。端午节一阴已生，阴阳相争，故端午的节俗多为赛龙舟斗百草之类的竞争内容；七夕阳升阴降，阴阳不交，故牛郎织女故事反其道而行之；中秋作物皆熟，人间喜悦，故万家团圆，赏月赋诗。重阳卦象一阳独存，众芳凋零，菊花凌霜而开，象征人生老境已至，故登高升阳，节俗敬老。冬至到春节，一阳来复，贞下起元，万物生机开始回归。大自然周而复始，原始反终。可见节日正是中国人"天人合一"世界观的体现。

除了和时间相关，节日也和中国人的空间观念相连，古人天文学中的二十八宿坐标，北斗星辰方位乃至礼仪中的十二明堂设置，都关涉到时空和节日。

节日均衡分布于四季，充分体现人们对自然的亲近、对生命的关怀和对人情的呼唤。人在节日里有一种回到童年的感觉，依偎在大自然母亲的怀抱里，享用"母亲"为自己准备的美味。一到节日，人们每每会卸下辛苦生存的劳顿，想念自己远方的亲人，追求和谐的爱情生活，表达对自然赐予和祖先恩典的感激。节日是人生情感的调节阀，生命理想的充电器。节日文化里，有一种荣格所谓的"心灵认同"的原乡存在。

本书考察了清明、端午、七夕、中秋、重阳五个节日，对这五大节日的起源、演变、文化功能、现代重建和转化机制以及实践推广方式等都作了深入的思考。本书没有讨论春节，一是因为关于春节的各种论述已经够多；二是春节是中国人最重要的节日，也是相对文化失落最少的节日，大部分人不是在家，就是在回家的路上，重建的必要性并不如其他节日那样紧迫。

笔者以为，传统节日的现代转化，必须关注两个维度，一是必须照顾凝聚在传统节日中的心理积淀和集体无意识，不能随意超越；二是与时偕行，在新形势下，创造性地赋予节日新的形式和新的内容，使之符合现代人的情感需要。否则，转化就只能是缺少现实基础的口号。

黄意明

2020.2.29

目录

第五章

"避难－登高－尊高年"与诗意人生：重阳节俗文化创新之思考　　127

绪论 关于中国传统节俗

一、中国传统节俗的现状及其重建理念

    中国传统节日是先人们留给我们的重要遗产，节日不只是一个特殊的时间，即所谓节期，更重要的是节日中的节俗活动。节俗活动承载着中国人的文化思想、体现着中国人的行为标准，是中国人的一种生活方式。近代以来，由于历法更换、社会变革、文化变迁等诸多因素，中国的传统节日虽然得以保留，但是节俗活动却日渐衰微。现在国家层面已逐渐意识到传统节庆文化保护与重建之于传承优秀传统文化的重要性。中国共产党中央委员会办公厅、中华人民共和国国务院办公厅《关于实施中华优秀传统文化传承发展工程的意见》（2017.5）指出："深入开展'我们的节日'主题活动，实施中国传统节日振兴工程，丰富春节、元宵、清明、端午、七夕、中秋、重阳等传统节日文化内涵，形成新的节日习俗。"《意见》正是看到了传统节日衰微的现状，以及振兴传统节日的重要意义，这与我们研究的想法不谋而合。

    许多研究者在谈到当代中国的传统节俗正逐渐失去影响力的现象时，也在为传承和恢复中国传统节俗活动而大声疾呼。不过对于当代节俗现状，仅仅在感性上下一个衰落的定义并为之呼吁是不够的，必须对当代节俗的现状作出研究，为何衰微？如何定义衰微？在此基础上才可能考虑振兴和重建。此外，相比于更加热门的少数民族地区节俗研究，城市文化中的节俗活动同样值得我们去关注。在城市化步

伐日益加速的今天，城市不仅是一个地域性概念，也是一种文化空间，城市化和城镇化的环境，是大部分现代人的生存背景。因而重建节俗活动，也必须考虑到当代城市文明之特征，使节俗活动服务于现代人。倘若不能理解当下城市文化之特征，自然也就无法找出节俗衰微的原因。就节俗重建而言，既然节俗是形成于社会、社群、个体之中的，那么也只有在分析了当下社会整体现状之后，才能在重建节俗时，确定其目标。一些民俗学者为当代节俗重建提出建议，似乎更强调传承，而忽略了对承载礼俗活动的文化和社会背景变迁的分析，因而其方案甚少可操作性。还有，对于节俗活动的重建，呼吁者居多，具体提出重建方案的学者却相对较少，而实践者就更少了。

在节俗重建的研究中，近年来哲学社会科学以及表演理论的发展为节俗活动的重建提供了理论上的支持。第一是社会学研究角度的扩展。社会学的研究对节俗活动发生的背景作出了诠释并为节俗活动中个体与群体行为提供了科学的分析与解释。第二是民俗学与人类学的关注。节日与节俗活动一直以来便是民俗学与人类学的重要研究对象，这两门学科为解释俗活动的历史、成因、功能、价值等作出了较大贡献。第三是人类表演学以及与其密切相关的社会表演学的实践。人类表演学横跨了人类学、表演学、社会学等多个学科，将表演研究的领域拓展到仪式及日常生活的表演中。[1]在人类表演学的研究语境中，人类甚至于动物的行为均属于表演行为，通过对表演行为的研究不仅可以了解表演背后承载的动机、文化、社会运行模式，还可以通过重建表演者的表演行为达到对表演者文化的理解与重现。[2]社会表演学则主要分析的是日常生活中个体、群体的行为。中国的传统节俗活动同样是一种表演行为，它不仅包含了节俗仪式表演，也包含着节日期间的各类日常表演。第四是应用戏剧理论及实践。应用戏剧通过戏剧的形式帮助个体、社群、社会解决问题，节俗活动中的仪式活动本就

　中国传统节俗文化的现代转化

与戏剧同宗同源，以应用戏剧的形式建立新的节俗仪式，设立独特的戏剧语境，根据不同节日重建的目标及节日的意义，设定节俗活动的"剧本"，可以以节日为契机，解决个体、社群、社会出现的问题。这正是所有节俗活动重建之最重要的实践意义。

---

1. 关于人类表演学的相关理论，可参见【美】理查德·谢克纳《人类表演学导论》，劳特利奇出版社，2013 年版。第一章，第 1-27 页。
2. 参见维克多·特纳：《戏剧仪式 / 仪式戏剧：表演的与自反性的人类学》，陈熙译，载于《文化遗产》，2009.04。

二、中国传统节俗的定义

    节俗乃节日之俗。"节"字理解为节日、节期、传统的庆祝或祭祀的日子，最为符合其在节俗一词中的意义。结合案例，分析"节"字的其他一些释义更能帮助说明节俗的内涵。1."节"字作礼节之用，指礼仪的行为，如《礼记·文王世子》载："兴秩节"，郑玄注："节犹礼也。"秩节，就是通常的礼制，此释义强调了节与礼之间的密切联系，将节归于礼制之下。2."节"字作法度用，如《礼记·乐记》载："好恶无节于内"，郑玄注："节，法度也"，此义代入节俗活动中可以理解为，节俗活动有着与法律相似的维护社会秩序功能。3."节"字作适度用，如《礼记·中庸》载："发而皆中节谓之和"，孔颖达疏："虽复发动，皆中节限"，此义说明了中国文化要求人们克制自己的行为，以此考察中国节日，少有西方节日中完全抛去理性的狂欢活动，而总有一定的节制。4."节"字作和合用，如《吕氏春秋·重己》载："节乎性也"，高诱注："节，犹和也，和适其性情而不过制也。"此义一方面可以与节日中所蕴含的和谐观念相互印证；另一方面则说明了节之和谐来源于行为上的克制，这与节字的适度之意形成互文关系。此外，仅依靠礼是很难达到和合的，因而节俗活动中又有许多乐的内容达到在节日中和合的目的，故节是礼与乐的统一。5."节"字作节令、节气用，如《史记·太史公自序》载："夫阴阳、四时、八位、十二度、二十四节，各有教令"。由此释义可见，传统节日节期的确定多与节气相关。而"各有教令"则说明了不同节日有不同的礼制相对应，与节之"礼制""法度"之义形成互文。

    "俗"字本义为风俗，指长期形成的礼节、习惯、风俗，如《周礼·地官·大司徒》载："六曰，以俗教安"，郑玄注："俗谓土地所生习也。"该注释说明了俗是习得而来，同时也强调了俗之民间性、地域性。与此释义相类似，《说文解字》对俗的解释为"习也，以双声为训。引申之凡相效谓之习"。该释义同样强调了俗由学习而来。俗字又可用作大众之义，如《商君书·更法》载："郭偃之法曰：'论至德者不和于俗；成大功者不谋于众'。"该义表明了大众之于节俗、民俗活动的主体地位。此外，俗字还可以表"续旧礼"之意。如《周礼·地官·土均》载："礼俗、丧纪、祭祀，皆以地媺恶为轻重之法而行之"，贾公彦疏："俗者，续也，续代不易，是知先王旧礼。"该释义指出了俗之于礼的延续功能，由此义可见，化礼为俗是维护礼仪制度得以长期存在的重要方式。

综合上述释义，可以将节俗进一步定义为：大众在特定日期根据传承、延续下来的习惯所组织的活动，这些活动体现出了中国文化中和谐、克制的内在特征，属于礼乐制度的一部分，有着与法律功能相似的社会治理功能。

三、中国传统节俗的文献记载与研究述评

（一）中国传统节俗的历史文献记载

中国人对于节俗活动的记载有着悠久的历史。先秦时期的节俗活动主要记载于《大戴礼记》中的《保傅》、《小戴礼记》中的《祭仪》《礼器》等篇章，以及《国语》《史记》《诗经》《楚辞》中。此后，《四民月令》《风俗通义》《玉烛宝典》《荆楚岁时记》《酉阳杂俎》《梦粱录》《东京梦华录》《西湖游览志》《帝京景物略》等著作记载了不同时期各地的节俗习惯，为节俗的历史研究提供了丰富的资料。各地地方志则记载了共时条件下各地不同的节俗习惯，例如《太仓志》《松江县志》《苏州志》等地方志中均有"风俗"条目，对该地区的节俗习惯作出记载。此外，一些文人的诗歌、随笔、散文、小说也对当地的各类人生礼俗有过描述。这些资料均对后世研究者的节俗溯源研究、功能研究、文化研究，以及为今后的节俗传承、重建活动提供了宝贵的资料，下面分别予以简单说明。

中国古代有一种名为"月令"的著作，以月为单位，详细记载每个月官方所安排的生产、祭祀、禁忌、授职及其他活动。《礼记·月令》是现存较早的一部月令体著作，记载了春秋战国时期国家在各个月份的主要政务活动，而汉代的《四民月令》则更为详细地记录一年内各个不同阶段的生产、生活安排。小到儿童入学，大到太庙祭祖皆有所记录。相比于《礼记·月令》，东汉崔寔的《四民月令》不仅在内容上更加详细，而且尤为偏重民众的实际生产生活活动。除上述两者之外，中国古代较为出名的月令还有清代李光地所著的《月令辑要》，

清代秦嘉谟的《月令粹编》等。"月令"类著作是节俗研究必读之书。

汉代应劭所著《风俗通义》在"祀典"一章中，记录了当时国家与民间的各类祭祀活动之形式、内容，阐述了这些祭祀活动的意义。这些祭祀活动不仅与节俗活动相关，而且反映了当时人的宗教观、自然观、社会观，为后人研究节俗中的仪式与节俗的发生提供了丰富的材料。

成书于六朝时期的《荆楚岁时记》是节俗研究中无法绕开的一部著作，萧放等民俗学者将这部著作的创新归于三个方面：首先，开创了岁时民俗志的记叙体例，而不同于之前《夏小正》《礼记·月令》《四民月令》等政令形式的叙述。"《荆楚岁时记》一改月令传统，以平常人的眼光，依照岁时节俗日程，记述民众在年度周期的岁时生活"。[1]其次，在记录方法上"它以耳闻目见的民俗活动作为记述对象，在一定程度上描写了民俗活动的进程与层次，可以说是一种动态的古代田野记录，是传统民俗记述的一大进步"。再次，在对民俗的理解上，"作者注意对节日信仰、禁忌、礼仪、饮食、娱乐、神话传说等民俗事象进行描述，以此呈现节日全貌。"[2]

《玉烛宝典》是另一部较早完整记录节俗活动的典籍，它的成书稍晚于《荆楚岁时记》。《荆楚岁时记》主要记录了南方地区的岁时节俗，而《玉烛宝典》一书则主要记录北方地区的岁时节俗。该典籍有两个重要意义必须在此说明。首先，该书中以中国特有的理性文化，即气、阴阳、五行而非原始宗教思维去解释岁时变化中的自然现象。其次，该书并不完全排斥鬼神，书中记录的与鬼神相关的内容并不是作为故事出现，而是将其作为实事录入。故而可以说该书连接了鬼神思维与理性文化。

刘韵著，葛洪辑的《西京杂记》可以为一些传统节俗的起源时间提供佐证。其中"汉彩女常以七月七日穿七孔针于开襟楼，俱以习之"

的记载反映了穿针乞巧的习俗在汉代就已出现在当时的宫廷之中了。书中还记载了汉代重阳节插茱萸、饮菊花酒的习俗，上巳除灾祈福等。

《大唐新语》《东京梦华录》《梦粱录》这些著作则对唐宋时期都市中的节日盛况进行了记载。如《大唐新语》记载，在唐代长安城，每逢元宵节，"盛世灯影之会。金吾驰禁，特许夜，贵游戚属及下隶工贾，无不夜游。车马骈阗，人不得顾。王主之家，马上作乐以相夸竞"。[3] 到了宋代，商品经济进一步发展，节俗活动中的游戏因素、消费因素进一步增加。在当时，每逢元宵、端午、七夕、中秋这些节日，街头便会摆出不同的食物，节日的娱乐活动也十分丰富。可以说，宋代的都市节日生活已经有了当代以消费、娱乐为主要内容的现代节庆形态。端午时的"仕庶递相宴赏"，七夕前的"车马盈市，罗绮满街"，中秋时的"闾内儿童连宵嬉戏，夜市骈阗，至于通晓"[4]，重阳时的"禁中与贵家皆此日赏菊，士庶之家，亦市一、二株赏玩"[5]，皆反映出了宋代开封城过节时众人玩乐的盛况。《梦粱录》则记载了南宋都城临安节庆的情况，如写八月中秋"此夜月色倍明于常时，又谓之'月夕'。此际金风荐爽，玉露生凉，丹桂香飘，银蟾光满，王孙公子，富家巨室，莫不登危楼，临轩玩月，或开广榭，玳筵罗列，琴瑟铿锵，酌酒高歌，以卜竟夕之欢。至如铺席之家，亦登小小月台，安排家宴，团圆子女，以酬佳节。虽陋巷贫窭之人，解衣市酒，勉强迎欢，不肯虚度"。[6] 在这些记载中可以看到，唐宋时期，伴随着城市及商品经济的兴起，洛阳、开封、临安这样的大城市逐渐产生了市民文化，进而出现了城市特有的节俗活动，这些活动中，祭祀与典礼已经不再是主要内容，平等、娱乐、消费是市民文化中新的主题。

南宋陈元靓所著《岁时广记》广征博引，详细记录了南宋及之前不同地区、不同阶层的节日习俗、节日仪式、节日禁忌、节日事件、节日物品、节日传说，将节日及节俗活动与中国人的时间、空间观念结合起来论述，突显了中国传统节日的文化内涵。

还有就是史料和文人诗文中记载的材料。以中秋为例，《晋书》卷九十二曰："谢尚书镇六渚，秋夜秉月。率尔与左右微服泛江。"[7] 欧阳詹《玩月诗》云："玩月，古也，谢赋、鲍诗、朓之'庭前'、亮之'楼中'皆玩月也。"[8] 可见在魏晋南北朝时期的中秋时节，已经出现了文人有组织的赏月活动。文献中，最具典型性的便是文人于节日中游乐聚会所写下的诗文。例如，杜甫《清明》中的"著处繁花务是日，长沙千人万人出。渡头翠柳艳明眉，争道朱蹄骄啮膝。此都好游湘西寺，诸将亦自军中至"。又如，苏轼《望海楼》诗"楼下谁家烧夜香，玉笙哀怨弄清凉。临风有客吟秋扇，拜月无人见晚妆"，杜牧的"尘世难逢开口笑，菊花须插满头归"。均是对亲身经历的节日活动之记述。这些材料为我们研究历史上的节俗活动提供了更多的材料、更丰富的视角。遗憾的是，此类材料多是从知识分子的视角出发，较少有代表大众视角的文献。

文人所著笔记小说及类书也对研究节俗有较大帮助，例如，唐代段成式的《酉阳杂俎·卷一·忠志》记录了唐代三月三、寒食、立春、腊日几个节日中的宫廷习俗。明代谢肇淛的《五杂俎》大量记叙了明代的风俗、礼俗活动，并对十二月份、节气、上元节、二月二、上巳等节日作了较为详细的考察与解释，其内容既包括了民俗记录又包含了民俗文化研究。

在节俗文献中，清代陈梦雷所编的《钦定古今图书集成·岁功典》是古代社会集大成的民俗岁时汇编，该书收录了大量与其同时代及之前的节日民俗资料，以及与节俗相关的诗歌、游记，并引用其他书籍对节日名称的由来作了一定程度的解释。虽然此书编定于民族学尚未形成的时代，而且书中的内容均为辑录，但是我们仍然可以说这部书是当时节俗研究最为重要的成果，直到今天仍可以称作中国古代民俗的百科全书。

---

1. 萧辉，萧放：《岁时生活与荆楚民众的时间观念，荆楚岁时记研究之一》载于《江汉论坛》，2000.7。

2. 同上。

3. 唐·刘肃，恒鹤校：《大唐新语》，载上海古籍出版社编，《唐五代笔记小说大观》，上海古籍出版社2000年版，第290页。

4. 孟元老：《东京梦华录》，中州古籍出版社，2010年版，第158页。

5. 吴自牧：《梦粱录》，三秦出版社，2004年版，第55页。

6. 吴自牧：《梦粱录》，三秦出版社，2004年版，第48页。

7. 唐·房玄龄：《晋书》，中华书局出版社，1974年版，2391页。

8. 清·陈梦雷，蒋廷锡，《钦定古今图书集成·岁功典》，中华书局影印本1934-1940年版，卷三，第二十一册，第33页。

（二）现当代中国传统节俗研究综述

近代西方出现学科分类之后产生的人类学、社会学、民俗学、历史学、艺术学等学科，从不同角度分析、研究人类的日常生活中的诸多现象，并给予解释，这些学科均对节俗问题有所涉及，这其中，以民俗学、人类学对节俗活动最为关注。

在中国，以人类学、社会学等现代学科的方法对节俗进行研究可以追溯到 20 世纪人类学带着田野调查的方法进入中国之后。在 20 世纪 30 年代中国最早的一批田野调查记录与民族志中，费孝通等中国最早一批人类学家、社会学家已经开始运用现代研究方法研究民间节俗活动。

20 世纪以来中国节日研究可分为两个阶段，第一阶段为 20 世纪 80 年代以前，其成果主要集中在两个方面：一是对节日民俗的调查及描述，一是对节俗源流的考察。这一分类适用于此时期绝大多数的节日研究，但是也有少部分例外，例如在费孝通在写于上世纪 30 年代的《江村经济》第七章谈到江村人节日的娱乐时，已经不再是简单调查记录。他的调查谈及了节日的功能，费孝通认为，节日不仅是一种休息，而且加强了参与者之间的社会纽带。此外，他还对节俗活动中出现的国家意志（政府行政命令）与民间行为之间的矛盾提出了自己的看法。[1] 费先生此书中，田野调查依旧与文献分析并列为节俗研究的两种重要方法。

第二阶段为 1980 年至今，可以民俗学独立成为一门学科为标志。在此之前虽然已经出现了对节俗的解释和考证活动，也注意到了对同一时代节俗活动的记录，但是受制于方法的限制和材料的局限，节庆研究尚不够深入。这一阶段的节日研究，将节俗活动与地理环境、社会结构、文化背景联系起来，并综合运用民俗学、社会学、人类学、神话学、历史学等学科的成果，因而取得了较大的突破。根据节俗研究中学者们的研究侧重点不同，我们大致可将这些成果区分为节俗史研究、地区节俗志、节俗文化研究三大类。前两者主要以对节俗活动历史、地域节俗特点之记录为主，而文化研究则着重分析节俗仪式、神话及节俗内涵、功能、意义及节俗与其他精神活动，如审美、宗教、政治之关系。这三类研究可从内涵和功能两方面予以考察。

纵观数十年来的中国节俗研究，成果较多。仅以节俗史说，许多书籍，如《中国节典：四大传统节日》（刘魁立著）、《节日与习俗》（庞丹丹著）、《中国传统节日文化》（杨琳著）、《中华节日风俗全书》（赵杏根著）等，分类型介绍了中国各个节俗的来源、包含的节俗活动、相关节俗神话。此外，许多人类学、民俗学者通过田野调查，对当下一些地域较有特色的活态节俗作了分析。可以说，中国节日的相关民俗活动，无论是汉民族的还是少数民族的，都已经不再仅仅是被研究的问题，而成为了向大众普及的知识。对于各个节俗的起源之问题，诸家各持观点，自圆其说，难有定论。以张君的《神秘的节俗——传统节日礼俗、禁忌》为例，该书将节俗起源的因素分为八种，分别为：岁时活动、祭礼、时令、巫社、神话、传说、天干日、节气。这八种起源因素较为全面地对应了传统节日的不同功能。其中的三种因素：岁时活动、时令、干支日，均与历法相关。历法以及围绕着历法的时间体系正是奠定中国节俗最为重要的因素。另外一些研究者虽然没有直接论述历法体系与俗活动之关系，但是通过论述农事活动与节俗活动之间的关系，间接将与农事活动密切相关的历法体系与节俗活动连接起来。

在节俗起源研究中，还有学者根据节日的属性将其划分为三种类型："基于自然时令变化、以反映这种变化为主题的节日"与"祭祀乞求攘除类的节日"以及"宗教型的节日"[2]。这样划分的根据在于中国传统节日中蕴含着的三种重要因素——历法、原始巫术、宗教仪式。而笔者以为，虽然中国传统节日来源不同，但当下存留的节日均已不是当初的形式，本书中所选的清明、端午、七夕、中秋、重阳五个节日中，清明与端午从起源上看是"祭祀乞求禳除类的节日"，而七夕、中秋、重阳则是"基于自然时令变化、以反映这种变化为主题的节日"。随着时代的发展、文化的融合，节日的功能与意义不再单一，例如，基于自然时令变化的中秋中融入了道教神话，有了宗教的含义。也有一些学者根据节俗仪式将节日分为生产类、宗教祭祀类、驱邪祛病类、纪念类、喜庆类、社交娱乐类六种。这种分类方式中，将少数民族的节俗活动考虑在内，以社交型节日为例，汉族很少有单纯以某种社交活动为目的的节日，而少数民族则不同，"彝族人的插花会、仫佬族的走坡、大理白族的绕山林、苗族的踩花山等，均是以社交为目的的节庆活动"。[3]但对于汉族而言，所有的节日中其实都包含着社交的目的，在汉族传统节俗中，构建家庭、社会秩序即需要以社交为手段，这种秩序本身也就是一种社交体系，只不过相比于少数民族，社交只是汉族节俗活动中最常见，且不被突出的目的罢了。概言之，中国节日多是复合型节日，不同节日在功能上有所交叉重复。

还有一些针对单一节日的研究，较有代表性的成果当属萧放主编的"节日中国系列丛书"，该系列包含《清明》（张勃著）、《端午》（刘晓峰著）、《七夕》（刘宗迪著）、《中秋》（黄涛著）、《重阳》（杨琳著）等。该系列丛书对不同节日的起源与流变作了梳理与考证，归纳了节日习俗与神话传说，辨析了节俗相关争论与节日意义，兼具民俗知识普及价值与学术价值。《清明》一书认为，清明节将生死并置在同一时空，体现了中国文化中生死交替，生生不息的精神；《端午》一书将端午节俗与中国古代的相数观念、阴阳观念、时空体系联系起来进行考证，使节俗研究与中国传统文化语境相统一；《七夕》一书着重考证了"牛郎""摩睺罗""魁星"等重要的七夕节日符号,为七夕节俗的研究提供了详实的资料;《中秋》一书讨论了中秋节俗的现代意义,为中秋节俗的现代重建活动提供了一定的理论支撑;《重阳》一书则将对重阳节俗的论述延伸至现代社会,分析了现代重阳节活动的意义与功能,介绍了现代各地区的重阳节俗活动,为重阳节俗的重建活动提供了一定的理论支撑与实践参考。此外,作者对沿海地区重阳妈祖祭祀活动的记述,对重阳饮酒习俗、重阳糕、重阳与菊花关系的相关考证,也对重阳节俗研究有借鉴意义。研究单一节日的著作还有上海古籍出版社(2008)的"中国节庆文化丛书"之"话说"系列。

至于节俗之功能研究,多数研究者并未将其作为单独的研究章节,但多少有所提及。归纳学者研究,大致可以总结为以下几种观点:第一种,服务功能说,认为节俗是为普通群众服务的诸多社会功能在某一特殊时间的集合。服务的内容包括:帮助人们确定生产生活周期的转换;帮助人们满足乞巧、乞子、祈祷、祈福等心理需求;让人们在繁忙的生产活动中得到休息等。第二种,审美功能说,认为在节俗当中,日常功利性和道德性的因素在一定程度上被消解掉了,在此期间,人们的体验类似于一种审美体验,这种说法十分强调对节日感的研究,认为节日感是一种超越日常的经验,它构成了对日常生活的批判,突出了人存在的意义[4]。第三种,治理功能说,认为节俗服务于社会治理系统,是一种自下而上的治理,与国家机构自上而下的治理相互配合,达到稳定社会秩序、结构的目的。但是在具体观点上,有些学者偏向于节俗以行为规范个体,有些学者则偏向于节俗通过其蕴含的意义来达到教化之目的。虽然将前人对节俗功能的研究成果这样分类远非精确,但是一般来说,每个研究者在论述自己观点的时候都有所偏向,在后面的章节中,笔者分析节俗的功能,也会适度参考这种具有一定合理性的划分。

1. 尽管费孝通将节日放入了第七章娱乐一节中，谈及节日的功能也是从江村当地的娱乐活动出发，但在他 的论述中，承载江村娱乐活动的主要就是节日，因此可以将这一节看作江村节日研究。

2. 杨江涛博士论文：《中国传统节日的美学研究》，中国人民大学，2008 年，第 10 页。

3. 冯贤亮：《节岁时令 —— 图说古代节俗文化》，广陵书社，2004 年，第 4-6 页。

4. 杨江涛博士论文：《中国传统节日的美学研究》，中国人民大学，2008 年，第 90 页。

（三）西方学者对中国节俗的研究

了解、借鉴西方人类学家的节俗研究方法与研究成果有助于理解中国传统节俗的功能与运作原理。维克多·特纳主编的《庆典》一书集合了多个人类学家的论文，以世界各地的庆典活动为案例，集中分析了包括节俗庆典在内的各种庆典活动中的物品、仪式、语言、宗教以及政治与社交。值得注意的是，本书第一部分，由理查德·M·道森所著的论文《庆典中使用的物品》以西方人类学家的视角分析了中国的端午赛龙舟活动。赛龙舟被西方学者理解为人民与水底邪恶力量的冲突，此种理论虽然是基于西方人类学强调"矛盾""对立"的分析方式，但却为赛龙舟活动的起源提供了一种西方观点，值得参考。

弗洛伊德的精神分析学、巴赫金的狂欢化理论也为节俗活动的发生作出了理论阐释，两者都强调了节俗活动是对规律性日常道德、社会规范、自我压制的突破，差别在于弗洛伊德更为注重分析现象背后的心理原因，而巴赫金的分析则更注重节俗活动自身[1]。

法国社会学家葛兰言所著《古代中国的节庆与歌谣》一书对中国节俗的研究具有较高价值，该书前半部分借助《诗经》研究中国先秦时期的习俗、仪式、宗教祭祀活动。作者通过分析《诗经》中描绘的场景，象征手法的运用，语言背后的隐喻，进而分析了《诗经》背后所蕴含的先秦礼俗规则、节俗习惯。值得注意的是，作者提出《诗经·周南·螽斯》和《国风·召南·草虫》两首诗歌的诗句中"包含着一种愿望和咒语，提高物种（人和动物）的繁衍"。[2]诗歌创作欣赏一直是传统节日不可缺少的内容，葛兰言的这一观点为诗歌与节俗之关系研究提供了一种新的视角。该书的后半部分则直接以"古代的节庆"为题，阐释了《礼记》《月令》《诗经》中记载的先秦节俗。

在这一部分，作者看到了先秦时期中国古人的许多行为并不是基于巫术原理，而是对自然规律的模仿。[3] 这方面，作者已经看到了中国节俗之独特性质。

---

1. 参见弗洛伊德《自我本我与集体心理学》，戴光年译，吉林出版社，2015 年版；巴赫金《陀思妥耶夫斯基诗学问题》，白春仁等译，三联书店，1988 年版。
2. [法] 葛兰著：《古代中国的节庆与歌谣》，赵丙祥 张宏明译，广西师范大学出版社，2005 年版，第 21 页。
3. 参见葛兰著：《古代中国的节庆与歌谣》，第 160-161 页。

四、中国传统节俗中体现的时空观念与阴阳体系

（一）时空体系中的节日

中国特色历法体系的形成是中国节俗起源的重要因素。中国的岁时系统相对比较复杂，涉及到了天干地支系统、月历系统、日历系统，多种岁时、历法系统的交叉使用，反映了中华文明的文化多元化特征。"历是什么，简单说就是计量年、月、日的方法，就是年、月、日的安排。这种安排、计量的依据是天象变化的规律，是依据日月星辰的运行规律来确定年、月、日、时和四季、节气，或者说推算天象以定岁时。作为一种计时系统，目的只能是服务于人类的生产生活。"[1] 在中国历史上，很早就以天干地支记日。殷商时期，实行以月亮的朔望为变化周期的太阴月以及以太阳运行周期为标准的太阳年。商代称历年为"年""岁"。"岁"字本来像农具，"年"字则是丰收祭祀的象征。[2] 由此可见，在距今3000多年的商代，作为节日前身的农业祭祀活动已经与历法体系相结合了。到了春秋战国时期，人们主要使用四分历作为历法标准。汉代时候，汉武帝则开始使用太初历，西汉末年又出现了"三统历"，南朝则有"大明历"。总之，在朝代更迭之时，新的统治者会借用修订历法来确定自己的权威。但是在"太初历"之后，被统治者们采用的历法多是对之前的历法小修小改，中国的传统历法系统已经基本固定下来。在其他文明中，历法同样是举办周期性仪式的决定性因素，这在古埃及、玛雅、阿兹特克这样的农耕文明中尤为常见。在农业国家中，历法的制定虽然有很强的政治色彩，但首先还是服务于农业活动，

《齐民要术》中有"顺天时，量地利，则用力少而成功多，任情返道，劳尔无获"之说法，历法体系中最关键的时间点例如清明、芒种、夏至、冬至等成为了节日。

　　中国古代以星体的规律运行来与时间、空间对应。古人选定黄道、赤道附近的四组共二十八星宿作为坐标体系，用于观测、记录太阳、月亮的运行位置，确定岁时季节。以星宿为坐标，通过观察太阳在周年视运动中处于星宿的位置便能够确定季节与月份，在孟春之时，太阳的位置在营室宿（西北方向），到了仲春，太阳的位置向西南移动，进入到奎宿的位置，而在季春，太阳则进入接近正西方向的胃宿范围。以初昏、拂晓时刻出现在南方中天的星宿同样可以判定季节，在一月孟春，初昏的时候，参宿出现在南方中天，拂晓时刻，尾宿出现在南方中天。二月仲春，弧星在初昏时刻出现在南方中天，拂晓时刻则是建星出现在南方中天。与二十八星宿相关的还有十二次的概念，古人将周天等分为十二份，称之为十二次，用以纪年和确定节气的变换。太阳周年视运动到十二次中的不同区域，则对应不同节气，例如，星纪对应大雪、冬至，玄枵对应小寒大寒。由于十二次是将天空等分，而二十八星宿所占区域大小不一，二者只能大致对应。除此之外，北斗七星在初昏时候斗柄的指向同样可以确认季节，且斗柄指向的方向被认为是该季节方向的代表，斗柄指东为春季，斗柄指南为夏季，斗柄指西为秋季，斗柄指北为冬季。总之，中国古人通过观察天体的运转将方位、季节、节气、月份连结为一个完整的时空体系。

四季、北斗七星斗柄指向、十二次、二十四节气、
二十八星宿、南方中天星宿对照表

季节	北斗七星斗柄指向	太阳于十二次中的位置	二十四节气	太阳于二十八星宿中的位置	夏历（农历）月份	出现在南方中天的星宿
春季	东	娵訾	立春、雨水	室、壁	一月	初昏：参宿；拂晓：尾宿
		降娄	惊蛰、春分	奎、娄	二月	初昏：弧星宿；拂晓：建星宿
		大梁	清明、谷雨	胃、昴、毕	三月	初昏：星宿；拂晓：牛宿
夏季	南	实沈	立夏、小满	觜、参	四月	初昏：翼宿；拂晓：女宿
		鹑首	芒种、夏至	井、鬼	五月	初昏：亢宿；拂晓：危宿
		鹑火	小暑、大暑	柳、星、张	六月	初昏：心宿；拂晓：奎宿
秋季	西	鹑尾	立秋、处暑	翼、轸	七月	初昏：斗宿；拂晓：毕宿
		寿星	白露、秋分	角、亢	八月	初昏：角宿；拂晓：觜宿
		大火	寒露、霜降	氐、房、心	九月	初昏：虚宿；拂晓：柳宿
冬季	北	析木	立冬、小雪	尾、箕	十月	初昏：尾宿；拂晓：星宿
		星纪	大雪、冬至	斗、牛	十一月	初昏：壁宿；拂晓：轸宿
		玄枵	小寒、大寒	女、虚、危	十二月	初昏：娄宿；拂晓：氐宿

中国节日亦与古人的空间观念存在明确的对应关系。《礼记·月令》中存在着两种方位，一种是天体所处的自然方位，一种是与岁时对应的方位，后者又与古人举行仪式，颁布政令位置相对应。以《礼记·月令》中的孟春为例，在孟春这个月份，太阳位于二十八星宿中营室的位置，黄昏时，参星位于南天正中，拂晓时，尾星位于南天正中，这是用以确定时间的天体运行的自然方位。而从岁时对应的方位来看，春季对应东方，所以天子要在立春的日子里去东郊举行迎春仪式。《礼记·月令》中，明堂这一概念有着重要的意义，明堂是天子接见诸侯、进行宣教、举行祭祀仪式的建筑，它将岁时——方位——政事三者统一在了一起。明堂分为十二堂，东、西、南、北每个方位各三堂，与四个季节、十二月份相对应，十二明堂内方外圆，从上空俯视，就如同表盘一样，天子按照顺时针的顺序更换从事政务、举行仪式的明堂，最终完成一个生活周期。在传统节日中，清明对应东南方向与明堂中的青阳右个；端午对应正南方向与明堂中的明堂太庙；七夕对应西南方向与明堂中的总章左个；中秋对应正西方向与明堂中的总章大庙；重阳对应西北方向与明堂中的总章右个，冬至对应正北方向的玄堂太庙。

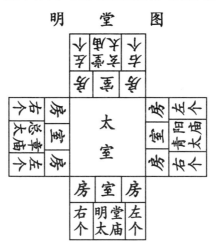

明　堂　图

另外，《易传》之《说卦传》也建立了一个时空体系，其文曰："万物出乎震，震东方也。齐乎巽，巽东南也；齐也者，言万物之絜齐也。离也者，明也，万物皆相见，南方之卦也；圣人南面而听天下，向明而治，盖取诸此也。坤也者，地也，万物皆致养焉，故曰致役乎坤。兑，正秋也，万物之所说也，故曰说言乎兑。战乎乾，乾西北之卦也，言阴阳相薄也。坎者，水也，正北方之卦也，劳卦也，万物之所归也，故曰劳乎坎。艮，东北之卦也，万物之所成终而所成始也，故曰成言乎艮。[3] 这段文字，将八卦、四季、四方配合在一起，形成《周易》的时空观，即"后天八卦"。

后天八卦图

离
（南）
巽　　　　夏　　　坤
（东南）　　　　　（西南）

震（东）春　　　　　　　　秋（西）兑

艮　　　　　　乾
（东北）　　　　（西北）
冬
（北）
坎

（此图见马恒君《周易》，华夏出版社，2001 年版，第 77 页）

---

1. 张闻玉著：《古代天文历法讲座》，广西师范大学出版社，2017 年，第 6 页。
2. 参见冯时：《天文学史话》，社会科学文献出版社，2011 年，第 124-143 页。
3. 黄寿祺、张善文《周易译注》，上海古籍出版社，2004 年版，第 575 页。

（二）节日周期与阴阳转化

汉代以后，人们将十二辟卦和月历联系起来，节日被赋予更为丰富的内涵。从十二辟卦图来分析清明、端午、七夕、中秋、重阳、冬至六种中国传统节日，二月大壮和三月夬卦，阳气已充分升至地上，生命力旺盛，这时大概相当于清明节气，万物生长，所以人们要出去踏青，呼吸新鲜空气，感受新的生命力。五月姤卦，此时阴气已从地下发动，是个阴阳相交的日子，五毒猖獗，人容易得病，所以要镇压，因此端午的活动往往和竞争有关。七月否卦，阴阳不交，所以牛郎织女分居，此时特别要祈祷人间夫妻团圆、恩爱。八月观卦，观卦的形象是人在器皿里洗手，表示洗涤干净后祭祀，祭月就是一种祭祀，希望人间团圆，儿孙满堂。到了九月剥卦的时候，阴气大盛，阳气所剩无几，象征人入老年，古人在八、九月时候（相当于重阳节）行敬老仪式，祈求老年人健康长寿，这时候需要特别注意老年人的健康问题，故而喝菊花酒、插茱萸以求长寿。到了十一月复卦，一阳来复，代表新的生机重新焕发，此时正值冬至节令。冬至的节令主要是祭神和祭祖，代表着对天地和祖先的感恩。因此，中国古人的时间观与阴阳体系与节令是有联系的，并直接决定了不同节日的意义与活动内容。

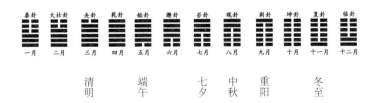

由于中国古人的节俗活动多与岁时节气相关，而岁时节气则与中国传统文化中的阴阳八卦体系有着紧密联系。我们必须要注意，阴和阳虽然是两个概念，但是却不同于西方人的对立观念。中国人更为强调阴阳在二分之上的和谐，在中国文化中，阴阳所象征的二分事物，无论是男女、生死、天地、鬼神，都不仅是对立的范畴，他们之间呈现一种相互和谐的转换变化关系。阴阳的观念同样也被深入到所有节俗文化当中，并且直接影响到了中国人对于节俗中所涉及对象、观念的态度。本书所论述的五个节俗中，清明在时间与历法上是万物生长与作物开始耕种的日子，却加入了缅怀的内容，因此清明节感受生命活动的踏青活动与缅怀亡者的扫墓活动连接了生与死。端午中虽然有阴阳相争的内容，但是最后却由相争进入和谐。七夕涉及到了两性，但从七夕神话来看，平日里对立分开的两性在此时得到了结合。中秋涉及到了月球的圆与缺，生命的永恒与死亡，生命的周期与月球的运转周期相同，生而死，死而生。重阳和冬至连接着阴阳的剥与复，生命的衰老及复归。这里矛盾双方都不是简单的对立，而是以节日为契机的结合，体现了自然界此消彼长的转换关系。

另外，若以乾卦各爻爻辞来解释清明、端午、中秋、七夕、重阳、冬至六个中国传统节日，亦可以得出类似的结论。一年中的十二个月份可以对应乾卦六爻。清明对应九二，九二爻辞为"见龙在田，利见大人"。一方面，见龙在田，利见大人象征着生命开始进入活跃阶段，年轻人开始追求事业，正与清明前后农忙的情境相对应，所谓"清明前后，种瓜得瓜种豆得豆"便是这个含义；另一方面，清明节也与九二之位置相对应，九二之下为"潜龙，勿用"的初九，带着地下的气息，九二之上则生命开始逐步成长，这与清明节以祭祀仪式和踏青习俗

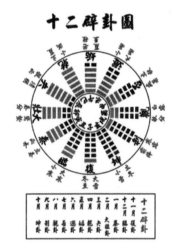

连接死亡与生命相吻合。端午节对应九三，九三爻辞为"君子终日乾乾，夕惕若厉，无咎"。君子整日对危险保持警惕，这样就会免于灾祸。可以理解为此时君子处于警惕之中，担心异常事件的发生，这与端午斗争、镇压禳解毒害的属性相对应，但保持警惕并采取镇压姿态的目的是为了预防不测以建立和谐，故而端午节俗在斗争最后也要进入到阴阳和谐状态。七夕对应九四，九四爻辞为"或跃在渊，无咎"。此爻中龙已入水，处在上升的状态，上升状态的个体需要两方面的基础，一是拥有美满幸福的婚姻；二是拥有一门可以安身立命的技术，这正对应了七夕的两个内涵，夫妻团圆与乞求技巧。中秋对应九五，九五的爻辞为"飞龙在天，利见大人"。此爻象征着人生中最好的阶段，对普通人来说，最圆满的人生应当是膝下有儿女，家庭团圆美满，身体健康。而对社会来说，最好的社会应该是人人平等，关系和谐。中秋有着团圆、平安、平等、和谐的内涵。因而此爻可以对应中秋。上九爻辞为"亢龙有悔"。事物发展，盛极必衰，此爻正象征着人入老年，虽然处在最高的位置上，但却已经是进入生命的后期，此爻恰与以老年人为中心的重阳节相对应，重阳的两个主要内容，登高避灾以求长寿，饮菊花酒祛疾皆是为了使老年人能延续寿命，健康地安度晚年。冬至则回到初九，此时贞下起元，一阳来复，新一轮生命又重新发动。

乾：元，亨，利，贞。

重阳 ▰▰▰▰▰	上九：亢龙有悔。	
中秋 ▰▰▰▰▰	九五：飞龙在天，利见大人。	
七夕 ▰▰▰▰▰	九四：或跃在渊，无咎。	《周易》乾卦
端午 ▰▰▰▰▰	九三：君子终日乾乾，夕惕若，厉无咎。	
清明 ▰▰▰▰▰	九二：见龙在田，利见大人。	
冬至 ▰▰▰▰▰	初九：潜龙，勿用。	

　　从十二辟卦和乾卦六爻的变化中，可以很好地看出隐藏在中国节俗背后的深层思维结构。由此也说明，只有从古代的阴阳观念和时空体系入手，才能找到理解古代节俗的钥匙。

五、中国传统节俗的内涵与功能

（一）中国传统节俗的形成及其文化内涵

　　学者对传统节俗起源有各种认识，此已俱如前述，为了对中国节日之文化内涵有更深理解，此处我们再对节俗的形成因素略加申说。

　　早期巫术活动和原始宗教崇拜是传统节俗形成的第一个因素。在西方人类学家、社会学家的论述中，节俗起源多与巫术活动相关，据他们的研究，任何原始社会、部落有规律的活动均与其信仰密切联系，我们现在看到世界各地节俗典礼仪式中的祈福活动，本身就可以归为一种积极的、公共性质的白巫术[1]。至于信与不信，只能说对这种巫术的神圣性质有所增减，而不能改变祈福活动就是一种巫术活动的性质。在中国，尽管由于先秦理性文化的崛起，国家意志对民间节俗的不断介入使得节俗活动中有关原始崇拜与巫术的内容被掩盖，但在我们所知的节俗中，仍有很多保留了原始巫术的痕迹。例如，一些农村地区扫墓禁止七岁以下孩童参与，就是因为儿童拥有通灵的"功能"，又如一些地区春节前三日或春节后三日不能扫地，认为扫地会将好运扫除出门，也不能打碎东西，不然不吉利，真要打碎了，还得念"岁岁（碎碎）平安"。这些节俗中的禁忌都是基于巫术思维。除了巫术，原始宗教的崇拜观念也对节俗的形成产生影响，节俗吸收了原始宗教的内容和仪式。例如原始宗教将星体、动物、季节等自然物与自然现象视为偶像加以崇拜，许多有固定周期的宗教仪式随着历史的发展或是直接演变为某种节俗，或是融入节俗之中成为其中的一项活动。清明——寒食节的冷食、传火习俗可以看作是上古拜火仪式的延续；中秋的拜月仪式，七夕的拜织女、拜魁星仪式则可以看作是对上古星体崇拜的继承。此外，远古时代的祖先崇拜、生殖崇拜也均在传统节俗的祭祖活动、祈子活动中有所体现。先民们借助原始宗教信仰来解释无法解释的自然现象，消除对自然的恐惧，并寄希望于超自然力量来帮助解决困难或取得利益。尽管汉族地区较难找到原始宗教的踪影，但我们能够通过观察少数民族的节俗活动，见出原始宗教之于节俗的影响。一些少数民族的节俗活动，在日期、名称上与汉族节俗有共通之处，其意义、功能却与汉族节俗有较大差别，一个重要的原因就在于，这些节俗活动保留了更多原始宗教的痕迹，具有较强的"神圣"[2]性质。我们以居住在鹤庆、剑川地区彝族七月初七的"拉麻节"为例进行说明。七月初七是汉族的"七夕节"，而彝族的"拉麻节"则为感谢牛神的节日。在汉族七夕牛郎织女的传说中，同样有"神牛"的因素存在。但与汉族七夕神话中"神牛"以配角出现的状况不同，彝族的"拉麻节"以牛为主角，所有的节俗活动均围绕着牛为中心：

> 拉麻节在农历七月初七日举行，地点在两县交界地的牦牛洞前。洞口上方的石壁形如牛头，传说是牛的化身。节日清晨，人们手举白栎叶，从四面八方汇集于此，将食品供于石头下的供案上。然后，爬到牛头上呼喊："牛王醒来吧！"再把白栎叶堆放在石洞内，由一位德高望重的老人将其点燃，人们围着火堆歌舞。随后，在洞外草坪上举行拉麻仪式：草坪中央点一堆火，一人头戴牛头面具，身披棕衣扮演牛王，围绕火堆模仿牛的各种动作。一人拿着牛绳套，做出准备拴牛的样子。还有人拿着竹筒象征性地钻到牛腹下挤牛奶，以讨吉利。其余人随之歌舞，并向牛王抛撒粮食。围观者拍手助兴，祝愿人们束住牛王。而牛王则东躲西闪，毫不驯服。

这时，头戴簸箕形毡帽、身穿羊皮褂、手持放羊鞭的牧人上场，身后还跟着一群舞花束环的姑娘。姑娘们围着牛王起舞，把花环、花束挂在牛王身上。然后，用青松扎成大轿，抬着牛王出游各寨，以示把吉祥和祝福送到各寨。晚上，各在村中心的平坝上点燃七堆火，人们围着篝火吹牛角号、击牛皮鼓，表演耕种、收割的舞蹈庆贺，感谢牛神。[3]

分析上面这段对"拉麻节"的叙述，可以推测在彝族社会中，牛还未完全被同化为"人"的财产，或是家庭成员，牛身上还拥有不能被人所控制的力量，故而需要通过举行仪式的形式加强人与牛之间的联系。在仪式中，彝族人通过象征性的"挑战"，捕获、征服牛王，从而使牛王的力量被人们所利用。汉族的七夕仪式并无此内容，七夕传说中，神牛是牛郎的家庭成员，人与牛之间的关系已经不需要通过仪式来建构了，由此也可以看出原始宗教虽是节俗重要的起源因素，却不是节俗存在的必要因素。

成熟宗教的内容仪式对节俗的产生也有影响，在中国，除了儒家礼教之外，佛教和道教本身具有的一些宗教节日和宗教仪式，都丰富了中国传统节日的内容和形式。例如中秋节的拜月活动，就受到了唐代道教仪式与神仙观念的影响，春节正月初一许多地区则有去佛教寺庙烧香祈福的习惯，元宵灯节同样也与佛教有着莫大的关系。另外，一些宗教理念也随着宗教的传播逐渐成为节日意义的一部分，腊八施粥就是因为佛教的传播，施舍得福的观念深入人心而得以成为腊八节的习俗。

传说与神话也在节俗兴起的过程中起到了重要作用，这是节俗形成的第二个因素。不同节俗之间功能可以重复，形式可以相似，但几乎每一个重要的节俗背后都具有自己独特的神话传说，清明——寒食有介子推的故事，端午有屈原投江的传说，七夕则有牛郎织女的神话，中秋有嫦娥奔月的神话。西方经常将宗教纪念日定为节日，而中国的节日虽然多与农事历时相关，但依靠这些传说和神话，中国的节日增加了纪念日的属性，它们不仅丰富了各个节俗的内涵、对不同节俗的内容作出了区分，而且也为节俗活动的发生提供了依据。

这里需要强调的一点是，尽管受到宗教的影响，中国传统节日仍旧呈现了明显世俗化的特征，对比西方节日来看，西方的节俗活动更多是基于宗教"纪念日"，例如东欧地区的"十二大节"皆源于东正教，而中国虽有基于宗教纪念日的节日，比如基于佛教的浴佛节，佛道共享的中元节，但是被大众接受的主要节俗活动则是基于"历法"。历法本身意味着中国传统节俗具有更多的农业实用主义的世俗性质。西方以宗教纪念日为基础的节俗活动贯穿了宗教对个体、群体、社会的影响，在中国，即使是宗教纪念日性质的节日，大众也会将其加入世俗性质的内容，以中元节为例，《东京梦华录》中记载：

> 七月十五，中元节。先数日，市井卖冥器靴鞋、幞头帽子、金犀假带、五彩衣服，以纸糊架子盘游出卖。潘楼并州东西瓦子，亦如七夕。闹处亦卖果实、种生、花果之类……构肆乐人自过七夕，便般目连救母杂剧，直至十五日止，观者倍增。中元前一日，即卖练叶……又卖麻谷窠儿……又卖鸡冠花……才明即卖穄米（黄穋米）饭……又卖转明菜花、花油饼、馂馅、沙馅之类。[4]

当时的中元节甚至与七夕无异，完全是一派世俗的景象。说到底，宗教纪念日与历法日的区别还是因为文化的差异，如上文所说，西方节俗偏向神圣性质，节俗中含有较多巫术、宗教、灵魂的内容，以宗教思维净化灵魂，以巫术思维解决问题；中国节俗则偏向世俗性质，采用理性思维解决世俗当中存在的问题。

中国节俗形成的第三种因素是国家意志对民间生活的介入，即所谓"化民成俗"。这也是非常有中国特色的因素。在原始社会，酋长与平民之间并不能存在引导与被引导之关系，双方皆是依照先天已经存在的"禁忌""巫术"来完成各类日常生活的活动。当社会发展到阶级社会，国家形成之后，这种情况发生了改变，作为统治阶层整体意志的国家意志就会对平民生活进行后天干预，这点在中国表现得尤为明显。西方古代社会存在着宗教王权的分立，宗教对包括王室在内的所有人拥有同等的约束作用，西方的传统节日通常与宗教生活相关而较少受世俗统治者规定的影响。而在中国古代社会，儒家思想居于主流地位，儒家推崇礼教，礼制由统治者制定，以国家意志的方式自上而下介入到普通人生活之中。在中国文化中，上至天子，下至平民百姓，无不以"礼"为生活标准与行为规范，故中国自称"礼仪之邦"。中国古代社会的化民成俗传统，就是国家通过礼教对大众进行教化，使大众形成良好的风尚，实现雅文化向俗文化的渗透。在节日中，礼是内化于节俗中的，如春节民俗中的长幼有序、行为有节等。在中国传统节俗文化中，还存在一个概念叫"节典"，"典"这个字在古代有很强的国家意味，如"掌建邦之三典，轻典、中典、重典也"（《周礼·大司寇》）。这里面的典，指的是制度。无论是礼还是典，皆说明了国家意志通过自上而下的方式对节俗活动之强力介入。在中国的节俗当中，国家不仅直接参与了节俗活动的制定，而且国家意志通过节俗活动对大众行为、思想做出了规范。

故而中国的民俗，常常表现为礼俗，节俗也是如此。研究中国节俗，不能忽略这个因素。例如，中秋节之所以成为重要的节日，就与唐代统治者的大力推行相关。统治者通过颁布法律、典礼、条例介入民间节俗活动，干预民间节俗活动的时间、内容、形式，成为节俗的形成因素之一。即使在当前社会，节日中的某些典礼活动能够延续下去，政府的意志也起着很大的作用，例如清明节各地官方和单位组织的烈士陵园祭奠活动，早已成为当代的清明节俗。

　　不过，需要加以说明的是，相对于国家意志对于节俗的影响，大众并非完全丧失了对节俗活动的话语权。首先，大众是节俗活动的直接参与者，节俗的直接主体，大众在节俗中的行为并非只听从于国家意志的安排。集体无意识、民间信仰、民间习俗、日常生活习惯均是建构节俗活动的直接原因。其次，国家意志对于大众的影响在自上而下的推行中存在逐渐减弱的现象，礼教文化向下延伸的过程中，不断地受到曲解并与大众文化、民间习俗相结合，进而被大众文化所涵化。

　　影响节俗形成的第四种因素，是弗洛伊德所说自我的定期释放。在弗洛伊德看来，"节日是对压迫自我力量的周期性打破"。"所谓的节日制度，不过是一种合法的放肆"。[5]按照弗洛伊德的观点，自我为自己塑造了一种典范形象。"一旦自我中的某些东西符合自我典范时，就会产生一种巨大的喜悦。而负罪感，也被看做是自我与自我典范之间不和谐关系的表现"。[6]这种自我典范的塑造建立在对自我的长期压迫之基础上，如果没有方式定期消除这种压迫，自我就容易进入疾病状态。而节日就起到了这种定期消除自我压迫，释放情绪与欲望的作用。故而在节日之中我们可以看到许多超越或僭越日常生活规则的行为。节日期间日夜不停的狂欢可以看作对日常生活秩序的僭越；不同地位、辈份的个体齐聚一堂，平等地参与节俗活动则是对日常生活秩序的超越。中国节俗的起源，也含有这方面的因素。在节俗活动中，民众在官方的允许的范围内让被压制的自我得到一定程度的释放，而"礼"则对这种释放有所约束，约束与释放在中国传统节日中达到了一种平衡状态，形成了中国节俗既僭越、又超越的特征。

---

1. 白巫术的作用在于祈求和禳除，与此相对，黑巫术的作用在于制敌。参见［英］马林诺夫斯基著，李安宅 编译：《巫术科学宗教与神话》，上海文艺出版社，1987 年版，第 74-96 页。

2. 神圣仪式与世俗仪式的区分在于，前者主要表达、宣称宗教信仰、超自然的力量，这些超自然的力量、 信仰在仪式中或是以象征的方式出现，例如基督教的圣母像，或是直接孕育在自然物之中，例如对月崇拜。 后者则包括国家仪式、日常生活、各种运动及其他非宗教性质的仪式。西方学者虽然也提到了一个仪式中 既可能有神圣仪式的部分，也可能有世俗仪式的部分，但这两个部分在一个仪式中依旧是完全不同的两种行为阶段，而中国的民俗活动则是同一仪式中，相同的行为同时带着"世俗"和"神圣"两种含义。参见［美］理查德·谢克纳：《人类表演学导论》， 劳特利奇出版社，2013 年版，第 53-56 页。

3. 白兴发：《彝族文化史》，云南民族出版社，2014 年版，第 205-206 页。

4. 宋·孟元老：《东京梦华录》，中华书局，1982 年版，第 211 页。

5.［奥］西格蒙德·弗洛伊德：《自我本我与集体心理学》，戴光年译，吉林出版社，2015 年版，第 153 页。

6. 同上。

（二）传统节俗仪式的社会功能

对于节俗的功能，前文列举了研究者对中国节俗功能的几种不同概括，笔者以为，中国传统节日并不适合按照单一功能来区分类别，虽然清明、端午、中秋、七夕、重阳这样的节日各具特色，但是它们并不只具备单一的功能，而是在功能上互有交叉，例如历史上的七夕、中秋均有祈子的功能，更重要的是，中国所有的传统节俗最基本的功能还是社会秩序的维护功能，节日的社会文化功能应该包括：

一、作为历法岁时中的特殊时间节点，帮助生产、生活的转换，维持日常生活的秩序。通过节日，人们跨越了一种时间的界限，打断了生活经验的"同一性"并进入一个新的生活阶段，这便体现出节俗之于生活的转换功能。许多西方人类学者对节俗仪式功能的解析都是以两种范畴的对立为基础，在许多文明当中，也确实存在着对立与矛盾的仪式。但是我国的节俗仪式在根本上不是为了让两种范畴中的一者胜过另一者，而是希望两种在日常生活中分离的范畴在仪式中达到融合。西方节日中，两种力量斗争的结果是一种战胜另外一种，胜者为下一阶段生活的主导，然而在中国文化中，阴阳之间虽然存在着此消彼长的现象，但是这种消长不是斗争的结果，而是规律的自然运行。所以从原理上说，中国节俗不是通过对立范畴的斗争完成两种生活模式的转换，而是让缓慢变化的节奏在节日期间加速运转，进而完成生活模式的转换，这种转换是阴阳体系天生的消长关系，一切顺其自然。

二、以超越性的礼俗活动维持社会、家庭关系秩序。由于礼乐文化的存在，中国节俗出现了僭越与礼仪共存的特征。西方节日相比于日常生活是僭越的，有西方人曾对他们的节日描述道："这是极端的狂欢行为，参加狂欢的人扮演与他们的实际身份相反的角色，男人扮女人，女人扮男人，国王扮乞丐，仆人扮主人，侍祭扮主教。在真正狂欢的情况下，常规社会生活完全颠倒了，人们乱伦、通奸、模仿异性、渎圣、叛逆，等等，一切罪恶都被当作这一天的正常秩序。"[1] 中国节日相比于日常生活则是既有僭越又有超越。中国的礼仪系统并不因为节日的存在而消失，相反，节日成了礼仪文化最集中的表现时间点，在节日当中，参与者待人接物相比平日更为遵守礼节，即使平日里存在矛盾，发生过冲突的亲戚、邻居也多会在过节时以礼相待，一句"大过节的"便可以使人们在过节期间自觉收敛、控制自己的行为。故而说，"礼仪"系统在节日期间得到了超越性的表现。当然，在节日这个特殊时间点，某些儒家伦理要求也得到了突破，比如儒家以礼为基础的等差秩序，在节日的时候，礼虽然依旧存在，但是个体的社会地位、家庭角色之差别却变得不那么明显了。节日中，虽然不同个体之间仍旧会按照自己的角色要求进行礼仪活动，晚辈要向长辈问候，下级要向上级问候，但是节日时的情感联系超越了等差，进而使个体之间呈现出一种更为平等的关系。人们一起饮酒、唱和、娱乐、开玩笑。节日中的这种平等本身也是儒家伦理的另一方面，它符合儒家文化中"乐合同"的要求，在节日中，参与者通过参与相同的节俗活动达到相似的情感愉悦，达到了合同的效果。故而，中国节日是儒家礼文化与乐文化相和谐统一的表现，我们将其称为超越性的礼俗活动。

三、审美功能之强化。与规范性的"礼"相对应的是"乐"，节日中最典型的"乐"便是文人士大夫的诗歌创作、鉴赏活动，这类活动也是中国传统节日中重要的节俗活动。知识分子借助节日来表达自己的情感，同时也留下了大量诗歌作品。自魏晋以来，文人节日出游写诗就是节日中的重要内容。在诗歌创作、鉴赏活动中，不同年龄、不同职位的知识分子聚集在一起，平等地进行诗歌审美活动，这便是文艺平等精神在节日中的体现。节日中，通过诸多带有审美性质的活动，人们的精神得到短暂的解放，身心获得愉悦。这种出游赏景、赋诗作文可以称之为狭义的审美活动，还有一种广义的审美活动，指在节俗活动中，人们超越日常状态，得到情感上的愉悦乃至升华的所有行为。提起过节，有一个相关的词语叫做"节味"。节日活动进行到高潮的时候，人们会说"节味正浓"，而面对传统节俗衰微的情形，人们也会以"节味淡了"来形容。节味是一种由特定场合、文化、参与者形成的氛围感，一种主观的情感体验。一些学者又将"节味"称之为"节日感"，并将其定义为节日当中形成的有别于平日的人生经验和生活氛围。这种定义强调的也是主体在节日中的情感体验。节日中，个体与周围的对象超越了日常生活中简单的功利性关系，无论是春节的饺子、元宵的汤圆还是端午的粽子、中秋的月饼、重阳节的糕点，都不只是充饥的食物，而是成为了具有审美价值的特殊对象。故而，无论是从中国古人对于"味"的定义来说，还是参与者在节日中获得的体验而言，"节日感"与审美体验有相似之处，可以将其看作是一种"节日审美"。"节日感"即所谓的"节味"，应该是主观情感与客观对象在审美活动中的统一。

四、最后是放松调节功能。传统节日的放松并非是当代许多人节日期间在家中睡懒觉、玩手机。传统节日有忙节这一习俗，春节前的打扫屋子、清明时的准备祭祀物品、端午时候的包粽子、中秋重阳时候的做点心，这些都体现出了节日之忙碌，但是这种忙碌并非是生产性质的忙碌，而是为了自己本真生命体现的忙碌，带有回归存在的性质。在短暂离开日常生活中的异化劳动之后，劳动者们终于可以在节日期间无利害地体会生活本身。进入现代社会以后，旅游不再是文人墨客、贵族游侠们的特权，普通人可以在节日期间走出家门，看山看水，摄影写生，体验不同地区的民俗、美食，增长自己的见闻。此外，现代人亦可以选择在节日期间满足自己的兴趣与业余爱好，通过看书、打球、做瑜伽等方式释放在平日劳累中内心积攒的压力。

总的来说，中国的节俗有着如下功能，从功利角度说，它主要是为了解决世俗中存在的问题，而不仅是为了洗涤灵魂、宣泄情绪。它基于和谐的概念，希望在生活之上直接达到更高的境界，而非是强调突破日常来建立不同的境界。节俗活动，有着推动、维持社会运转的功能。从非功利角度说，在节日中，人们进入到一种审美的境界，以超越日常的态度面对周边的事物。本书将在前人研究的基础上，以中国人固有的时空观为节俗的研究起点，将分散的节俗活动统一于阴阳时空历法体系之内，分析中国传统节俗的隐形结构，深入研究其文化内涵、社会功能，讨论当代节俗的生存环境、式微原因及重建转化可能，最后结合哲学、人类学、社会学、艺术学等相关理论，为节俗活动重建提供现代方案与思路。

---

1. 参见孟慧英：《西方民俗学史》，中国社会科学出版社，2006 年版，第481 页。

第一章 一阴一阳之谓道：
清明节俗的演变与现代文化功能重建

一、清明节的起源与原始功能

　　作为节日的清明，由节气清明演化而来。清明为二十四节气之一，处在春分和谷雨之间，日期固定在公历4月5日左右。《淮南子·天文训》载："春分后十五日，斗指乙，则清明风至。"对清明一词的解释，则一般采用《岁时百问》的说法："万物生长此时，皆清洁而明净。故谓之清明。"随着清明的到来，气候渐趋暖和，雨量增加，正是适合耕种的时节。对此民间流传着大量农谚，江南有"清明谷雨两相连，浸种耕田莫迟延""清明前后，种瓜点豆""植树造林，莫过清明"等，华北则说"清明早，立夏迟，谷雨种棉正当时"。此外，清明还是准备开始养蚕的时候，如东汉崔寔《四民月令》记云："清明节，命蚕妾治蚕室：涂隙、穴，具槌、㼪、薄、笼。"[1]作为节气的清明，在安排农事活动上有着很多指导意义。

（一）"寒食"与清明

但是，清明作为一个节日，来源和功能都要复杂得多，清明节的主要节俗为扫墓和踏青，很大程度上是融合了寒食节以及上巳节的习俗而来。寒食节一般在清明之前，其间禁止生火，只吃冷食。在汉代或以前，有的地方寒食禁火时间甚至有长达一月者。大约在汉代，确定寒食节为清明前两天。南朝《荆楚岁时记》称："去冬节一百五日，即有疾风甚雨，谓之寒食，禁火三日，造饧、大麦粥。"[2]到了唐代，寒食仍然是一个重要的节日，唐以后式微，多数地方日期逐渐减为一天，最后与清明合而为一，其节令食俗和扫墓祭拜之风一并成为清明节的习俗。

对于寒食禁火习俗的起源，一般认为与上古仲春时节的改换新火仪式有关。《周礼·秋官·司烜氏》载："司烜氏掌以夫遂取明火于日……中春，以木铎修火禁于国中。"郑注曰："夫遂，阳遂也。"又注曰："为季春将出火也。"[3]

这段话记录了周代由司烜氏在仲春之时执木铎通知国中人禁火，然后到春末再采日光之火的习俗，但是并未提到寒食。把禁火和重新生火跟寒食联系起来相对较晚，《荆楚岁时记》"寒食"条云："按周书司烜氏，'仲春以木铎修火禁于国中'，注云：'为季春将出火也。'今寒食准节气是仲春之末，清明是三月之初，然则禁火盖周之旧制。"

这些记载曾通过弗雷泽的《金枝》被克劳德·列维－斯特劳斯获悉，拿此跟欧洲和南美洲的类似习俗作了一番比较研究。列维－斯特劳斯认为，这一世界各地都有的熄灭旧火（地火）/重燃新火（天火）、冷食/熟食的对比反映了人类共通的思维结构：干季/湿季、稀少/丰盛、自然/文化等。[4]这个观点尽管被有的学者诟病，指责其牵强附会和细节的错讹之处，[5] 其二元对立思维与中国人相当隔阂，但多少还是有助于理解禁火冷食习俗背后先民的思维模式，一种在春天重新开始的仪式。如果借用法国人类学家阿诺德·范·杰内普的"通过仪式"或维克多·特纳的"结构与反结构"理论[6]，寒食禁火的阶段可看作一个"阈限"阶段，在这个阶段，事物旧有的特征被取消，上一年的旧有生命退场了，新火的产生代表新的生命力。[7]

但是更为后世所熟知的寒食禁火理由则是为了纪念介之推，春秋晋献公之子重耳受迫害流亡在外，途中没有食物，介之推割肉奉君，助重耳度过难关。重耳取得政权后，介子推不愿出来做官，隐于绵山。传说晋文公重耳为逼介子推做官，放火烧山，介子推抱树而死。晋文公于是下令将介之推死难之日定为寒食节。《荆楚岁时记》云："介之推三月五日为火所焚，国人哀之，每岁春暮，为不举火，谓之'禁烟'，犯则雨雹伤田。"[8] 这种说法一般认为是原始习俗社会化、礼俗化过程中的一种附会。介之推事最早见于东汉蔡邕的《琴操》，其中提到的禁火日期并非清明寒食，而是五月五日。直到晋陆翙《邺中记》和《后汉书·周举传》，才把介之推和寒食联系起来。这种联系，可以看出后起的人文思想对原始思维的改造。

传统寒食节另一重要的活动就是扫墓和祭祀祖先了。墓祭、拜扫之俗，可以追溯到很早，《周礼·春官·冢人》载："凡祭墓，为尸。""尸"即神主，郑注："祭墓为尸，或祷祈焉。"[9] 可见早在周代已有墓祭之事。《韩诗外传》云："曾子云：'椎牛而墓祭，不如鸡豚逮亲存。'"[10] 但是墓祭的日期直到唐代才正式确定在寒食节，这可能和寒食原有祭祀介子推的活动相关联。《旧唐书·玄宗纪》载："寒食上墓，礼经无文，近世相传，浸以成俗。"[11] 开元二十年（732年），唐玄宗下诏把寒食上墓编入五礼，永为常式，用诏令的形式确定了下来。随着寒食节的式微和最终被清明归并，这一习俗后来成了清明节最具代表性的活动。

1. 汉·崔寔《四民月令校注》(石汉声校注)，中华书局，2013 年版，第 26 页。
2. 宗懔《荆楚岁时记》(宋金龙校注)，山西人民出版社，1987 年版，第 33 页。
3. 孙诒让《周礼正义》，中华书局，1987 年版，第 2909、2913 页。
4. [法] 克劳德·列维－斯特劳斯《神话学：从蜂蜜到烟灰》，中国人民大学出版社，2007 年版，序言。
5. 参见侯思梦《中世纪早期的寒食节》，杨玉君译，载于《民俗曲艺》(台湾) 第 100 期。
6. [美] 维克多·特纳《仪式过程》，黄剑波，柳博赟译，中国人民大学出版社，2009 年版，第 94-95 页。
7. 清明的插柳戴柳习俗，也与这种原始思维相关。过去长沙地区清明插柳谓之记年华 (见清·陈梦雷，蒋廷锡，《钦定古今图书集成·岁功典》第三十九卷，第十八册，第 40 页)，民间有"清明不戴柳，来世变黄狗"之类的谚语。
8. 宗懔：《荆楚岁时记》，第 34 页。
9. 孙诒让：《周礼正义》，第 1704 页。
10. 西汉·韩婴，许维遹释：《韩诗外传》，中华书局，1980 年版，第 246 页。
11. 后晋·刘昫等：《旧唐书》卷八，中华书局，1975 年版，第 198 页。

（二）"上巳"与清明

清明的另一个节俗踏青游玩之所以也能"浸以成俗"，就不得不提到上巳节。上巳指的是三月的第一个巳日，每年都不固定，魏晋之后就固定以三月三为节。沈约《宋书·礼乐志》载："自魏以后但用三日，不以巳也。"[1]

对于上巳起源的具体原因，学者的看法并不相同。有人认为源于兰汤辟邪或水滨被禊的巫术活动，有人认为起于生殖崇拜，或性爱狂欢的活动，也有人以为产生于招魂续魄或祈丰年之仪式。《周礼·春官·女巫》载："女巫掌岁时被除、衅浴。"郑《注》曰："岁时被除，如今三月上巳如水上之类。"[2]《后汉书·礼仪志》："三月上巳，官民皆洁于东流水上，曰洗濯被除去宿垢疢为大絜。絜者，言阳气布畅，万物讫出，始絜之矣。"[3]值得注意的是《诗经·郑风·溱洧》诗，诗云："溱与洧，方涣涣兮。士与女，方秉蕳兮。女曰观乎？士曰既且，且往观乎？洧之外，洵訏且乐。维士与女，伊其相谑，赠之以芍药。"《太平御览》引《韩诗章句》："当此盛流之时，士与女众方执兰，拂除邪恶。郑国之俗，三月上巳之辰，于此两水之上，招魂续魄，除拂不详。"[4]但在这种被除和招魂仪式空间中，不难看出那种洋溢着的青春生命和男女欢爱的气氛。这种气息在今天少数民族三月三的对歌等活动中仍能窥见一斑。因先民以三月为万物萌生的月份，《吕氏春秋·季春纪》云："是月也，生气方盛，阳气发泄，生者毕出，萌者尽达，不可以内。"[5]所以才有这些和生命相关的活动。故学者张君以为：在这样万物萌生的春天举行迎接生命之神复活的庆典，本是具有世界普同性的古老文化现象，文化人类学家称此种类型的庆典为"阿都尼斯"仪式。举行此类仪式的节日都有着相似的复活节性质，这在中国上古时期最好的对应就是上巳节。这个节日以迎接生命之神复活为核心，展开了沐浴祓禊、招魂续魄、祭祀社神、祈年求福、跳傩驱疫、男女春嬉等一系列的节庆活动。[6] 后因其中的一些放纵色彩与礼俗不合，不断加以整束，在汉族中渐只剩下曲水流觞、郊游踏青、祭祀蚕神等相对文雅的习俗。又因其与寒食、清明在日期上的接近，上巳节的踏青游玩与祭神招魂之俗，逐渐为寒食节和清明节整合。

所以，因为融合了寒食节和上巳节的习俗和意义，清明节成了一个既缅怀过去，又庆祝新生，悲伤和欢乐并存的节日。

---

1. 沈约：《宋书》，中华书局，1974 年版，第 386 页。
2. 孙诒让：《周礼正义》，第 2075 页。
3. 清·王先谦：《后汉书集解》，中华书局，1984 年版，第 1105 页。
4. 转引自程俊英，蒋见元：《诗经注析》，中华书局，1991 年版，第 260 页。
5. 廖明春、陈兴安：《吕氏春秋全译》，巴蜀书社，2004 年版，第 385 页。
6. 参见张君：《神秘的节俗》，第五章，广西人民出版社，2004 年版。

二、历史上清明节俗功能的转化

（一）礼文化之兴起

在清明节的演变整合过程中，先民原始思维支配下的仪式行为和鬼神崇拜意识越来越淡，代之以更符合世俗伦常和道德诉求的情感表达，后世清明节的主要内容是祭祀和游春，其功能为何发生转化，实与传统礼文化所起的作用相关。

周代建国后，有感于殷商的天帝崇拜不能挽救其灭亡的现实，人文思想逐渐萌芽壮大，社会思潮经历了由神本向人本的转化。其中对礼文化的建设和重视是明显的标志。礼乐文化一度规范着个体日常生活和社会生活的方方面面，而作为一种文化，礼并非凭空产生的外在规范，礼的基础，来自人情。"礼义之经也，非从天降也，非从地出也，人情而已矣。"（《礼记·问丧》）也就是说，礼产生于人类生活的实际需要，它须符合人情，但礼同时又是规范，"故圣人修义之柄，礼之序，以治人情"（礼记·礼运）。所以，礼包含两个方面，一面以人情为本，一面以节仪为文，"无本不立，无文不行"（《礼记·礼器》）。通过礼，才能让人的情欲得到合理的实现，同时培养人形成和谐的情感。

春秋以降，礼崩乐坏，礼教的精神和仪式在一定程度上遭到破坏，尤其是礼的规章制度等偏于"文"的一面被严重破坏，所以孔子、荀子等圣哲不遗余力进行重建。然而另一方面，在体现着人情的民风、民俗中，仍然保留着大量礼文化的因子，因此才会有"礼失求诸野"一说。这样，一方面礼文化对清明及其相关节日的功能转化起着很大的作用；另一方面，转化之后的节日习俗长久地反映着部分礼文化的内涵。另外，统治阶级的大传统一直在有意识地向民间文化渗透，在传统节日的定型过程中，很多带有原始巫术性质的习俗，渐渐被改造成有利于人群和乐、社会稳定的行为。比如由于《兰亭集序》而广为人知、体现文人雅致之情怀的曲水流觞，即是由原始的水滨祓禊的仪式演化而来。清明有些地方吃青团和熟鸡蛋等习俗，就由寒食节冷食演化而来。而清明踏青游春，则与早期社会的男女春会、自由恋爱的风俗有着密切关系。

（二）礼教与祭祖

作为后世清明节最具标志性的活动，也实现了由原来的祭神、招魂续魄等仪式到祭祖的转变，这和传统文化推重孝道和报本反始的观念相关。《礼记·祭统》开篇就说"凡治人之道，莫急于礼；礼有五经，莫重于祭"，足见礼文化对祭祀的重视。而该篇接下来的大量记述则说明，礼文化中的祭，已经脱离了原始的鬼神观念，变为对伦理纲常和忠孝节义的重视。如：

> 祭者，所以追养继孝也。孝者，畜也。顺于道，不逆于伦，是之谓畜。是故孝子之事亲也，有三道焉：生则养，没则丧，丧毕则祭。养则观其顺也，丧则观其哀也，祭则观其敬而时也。尽此三道者，孝子之行也。

> 夫祭有十伦焉：见事鬼神之道焉，见君臣之义焉，见父子之伦焉，见贵贱之等焉，见亲疏之杀焉，见爵赏之施焉，见夫妇之别焉，见政事之均焉，见长幼之序焉，见上下之际焉。此之谓十伦。（《礼记·祭统》）[1]

这其中，即使有提到鬼神，也不同于原始信仰中的神秘概念，而是侧重于人的气和魄。如《礼记·祭义》记载的，宰我问："吾闻鬼神之名，不知其所谓。"孔子就答："气也者，神之盛也。魄也者，鬼之盛也。"而且接着就说："合鬼与神，教之至也。"把鬼神的概念纳入了礼仪教化的规范。

随着雅文化与民间文化的合流，礼教重视报本反始的传统和祭祀仪式以及民间发乎自然的孝敬思念行为结合起来，以墓祭的形式在清明（寒食）中固定下来。开元二十年（732年），唐玄宗颁布敕令将民间寒食扫墓编入礼典，"世庶有不合庙享，何以用展孝思，宜许上墓，用拜扫礼。……仍编入礼典，永为常式"。[2] 长庆三年（822年）

唐穆宗又颁布敕令："寒食扫墓，着在令文，比来妄有妨阻。朕欲令群下皆遂私诚，自今以后，文武百官，有墓茔域在城外，并京畿内者，任往拜扫。但假内往来，不限日数。"（《唐会要》卷二三）[3] 这样作为后世清明节最具标志性的活动，祭祀之俗实现了由原始招魂、祭神到祭祖的转变。

所以，后世寒食清明上墓多为追思先祖、父母。柳宗元《寄许京兆孟容书》载："每遇寒食……田野道路，士女遍满，卑隶佣丐，皆得上父母丘墓。"[4] 可见当时对此的重视程度及其景况之盛。

由此可见，清明习俗的形成，受到礼文化的熏染，并在礼教式微之后继续承载着礼的精神。

---

1. 杨天宇：《礼记译注》，第 828、836 页。
2. 宋·王溥：《唐会要》（卷二三），中华书局，1955 年版，第 439 页。
3. 同上。
4. 唐·柳宗元：《柳宗元集》，卷三十，第三册，中华书局，1979 年版，第 781 页。

三、今日清明节之内涵与功能开发

　　笔者以为，节日的存在是人类心灵的需要，民俗节庆中留存了大量的传统文化因子，在时代变迁，节日原有意义渐失的今天，重新开发节庆功能，事实上是在进行文化重建的工作，意义重大。但是，任何文化重建，都不可能是凭空杜撰，闭门造车，而应重视挖掘已有的资源，尊重传统的社会心理，清明节的重建工作也应如是。

　　应该说，跟有的节日，比如重阳节相比，清明节在今天，还是比较受重视的。就中华大地而言，在这一天上坟扫墓的习俗从未中断，近世尤为重视在该日缅怀革命先烈之风，也跟清明节的一贯主题和传统内容极为契合。2007 年 12 月 14 日，国务院更是正式发布《关于更改＜全国年节及纪念日放假办法＞的决定》（第二次修订），规定自 2008 年 1 月 1 日起将清明、端午、中秋定为法定假日，清明、端午、中秋当日放假一天，这在时间上有助于人们更顺利地进行相关活动。但是，在节日观念日益淡漠的今天，怎样更加深入地挖掘清明节的文化意义、开发清明节的功能和价值，还是有许多值得思考和探讨的地方。

　　对此，笔者提出开发清明节内涵和功能的一些思路，以便作进一步讨论：

（一）内涵创新和生命教育

回顾清明节的起源和历史，可以看出此节日包含纪念过去和迎接新生的内容。清明节既有缅怀昔人已去的悲伤，又有欣然今朝万物复苏的欢乐，多层次的感情通过礼乐文化被调和在一起，反映出"乐而不淫，哀而不伤"的民族心理倾向。

因此清明时节可以着重进行"生命教育"。生命教育包括正确的"生命观"和"死亡观"。"我们从哪里来，要往哪里去"一直是人类历史上的重大哲学问题，因此"生死观"是人生的重大问题。在这一点上，我们祖先的认识曾经达到了很高的境界。就"生命观"而言，古人特别重视生命意义的探寻。中国是一个特别重视生命、尊重生命的民族。《周易》云："生生之为易。"孔子曰："未知生，焉知死。"尊重自己的生命，并进而尊重他人的生命和万物的生命，是中国文化所强烈倡导的。古人常说天地有好生之德，"乾知大始，坤作成物"。因此人作为个体不仅应该爱护自己，保全自己，如曾子临终之前的"启予手，启予足"，[1]还应该尊重他者、热爱自然，所谓"亲亲而仁民，仁民而爱物"也。周敦颐"窗前草不除"，古人"网开一面""不打三春鸟"的教诲，皆是此种思想的体现。

其次，尊重生命还需明了生命的意义，在追求自己人生意义实现的同时，帮助他人实现价值，这就是古人所说的"成己成物""己欲立立人""推己及人"之义。这一思想，也是今天的价值教育应该予以弘扬的。

再者，尊重生命还必须了解生命的来源。在这方面，今天的生命来源教育做得很不够，学校教育和家庭教育都处于尴尬的境地。最近的中小学性教育教材之争，就是一个显例。

与尊重生命相对应，对死亡的态度也是人生必须面对的问题。

现代相当一部分国人对死亡往往有一种巨大的恐惧，讳言死亡，这在语言禁忌中也有所反映。但不管怎样，拒绝谈论只是搁置问题，而不能逃避死亡。与其如此，还不如深入地予以讨论。相对来说，古人的态度就达观得多，在《左传》中，叔孙豹曾讨论过"三不朽"的问题，《左传·襄公二十四年》谓："豹闻之，'太上有立德，其次有立功，其次有立言'，虽久不废，此之谓三不朽。"唐人孔颖达在《春秋左传正义》中对德、功、言三者分别作了界定："立德谓创制垂法，博施济众，圣德立于上代，惠泽被于无穷"；"立功谓拯厄除难，功济于时"；"立言谓言得其要，理足可传"。这也就是古人对生死价值的讨论。所谓不朽，并不是个体生命的长存，而是精神生命和文化生命的延续。同时儒家认为个体的生命存在只是一个过程，生命的延续在于家族的传承，包括文化的延续和精神的传承。"不孝有三，无后为大"（《孟子》），"夫孝者，善继人之志，善述人之事"（《中庸》）。儒家重视祭祀和传统，这样做先辈的精神就可以长久存留。所以儒家认为一个人只要在生时尽责了，他人生的使命就完成了，当死亡来临时，便可以坦然面对。"存，吾顺事；没，吾宁也。"（张载《西铭》）道家对死亡的态度更为通达。庄子曰："生也死之徒，死也生之始，孰知其纪！人之生，气之聚也。聚则为生，散则为死。若死生为徒，吾又何患"（《知北游》）。生死的转化不过是一气之变化，是相与"为春秋冬夏四时行也"。生命本从无到有，又从有到无，不过是宇宙大化的一种表现而已。佛教传入中国后，其轮回的理论也影响了一部分人的生死观，让他们换一种眼光看待生死，此生的生死只是一个暂时的现象，称为分段生死。西方基督教文化则有他们的生死观。西方哲学也提供过有益的思想，像海德格尔的"向死而生"说就是一例，人只有了解了死亡的不可避免，才能深入地思考人生的意义。另外，中国少数民族对死亡问题的态度也极为自然。在传统的纳西族村落中，人的死亡只是去了另一个地方。例如在葬礼中，纳西族的祭司东巴念诵着经文，把逝者的灵魂送到祖先的灵魂安居的地方：

"好日子的这一天，主事的这一群人和祭司我，在做祭祀的场地中，把祖先（指被超度的逝者）送上去，让牦牛、羊、马在祖先前边引路。现在，天上的三星和行星没有争斗，祖先正好上路。让千千万万长斑纹的猛兽，千千万万长翅膀的飞禽，千千万万长蹄的动物带在后面。背着肥肉、瘦肉，带着千千万万的酒和饭，背着金银、墨玉、松石把祖先送上去。"[3]

这些传统历史文化和西方文化的思想，都可以作为我们进行生命教育的有用资源。

但是由于传统"生命文化"精神的式微和对西方文化的选择性拒绝，现代部分中国人对于必然会到来的死亡越来越焦虑不安。因此在清明这样一个传统上新旧交替，生死对话的日子，结合中西文化，对国人尤其是青少年进行生命意义和死亡关怀教育，既有其现实价值，又不显得突兀，是个很好的时机，尤其是大中小学的教育，可以利用这一有效契机。

另外，不管对于孩子还是大人，明了自己在家庭谱系中的位置也十分重要。死的不可避免和生的重新继起构成了家族的变动和延续，就像冬春相继一样，时间连着过去，也通往未来。在这样生生不息的循环发展中，充分开发清明节的功能，能帮助人们强化家族与民族的身份认同感，同时明确自己的家庭责任和社会责任，具有非常重大的意义。尤其是今天，家庭体制迅速转变，代际差别明显，人口流动巨大，怎样在这个时候继承、创新、发展清明节的功能和意义，理应成为深入思考的问题。

1.《论语·泰伯》:"曾子有疾,召门弟子曰:启予足,启予手!"朱熹《论语集注》云:"曾子平日以为身体受于父母,不敢毁伤,故于此使弟子开其衾而视之。"《四书章句集注》,中华书局,1983年版,第103页。

2.《超度死者·献牦牛》,见《哈佛燕京学社藏纳西东巴经书》第一卷,中国社会科学出版社,2001年版。转引自田松《死亡是一种能力》,《读书》2017年第一期。生活·读书·新知三联书店。

（二）情感涵养

今天，就清明活动之一的远足踏青而言，其风俗虽还存在，参与者却已大不如前，有鉴于此，有学者提倡恢复清明时节的野外活动。不过受制于当前社会生活的特点和交通管理的现状，广泛恢复清明时节的踏青游春活动已经是一个较难实现的奢望，仅仅扫墓已让交通系统不堪重负。相对而言，重视传统扫墓祭祀活动中的情感涵养意义，也许更有价值。中华民族向有慎终追远、报本反始的感恩传统。过去儒家之所以重视祭祀，是因为通过祭祀过程中"事死如事生，事亡如事存"的庄重仪式，最易培养人们对祖先诚挚的感恩心理和对父母长者敬顺厚养的态度。这种情感，在老人社会提早到来而社会保障体系尚不完善的今天，依然有其现实价值。

因此，笔者以为首先应该补上情感涵养这一课。在清明期间，可在大中小学，开展和清明相关的活动与仪式，比如写作纪念祖先功德事迹的文章，阅读学习中国传统的祭祀文化，组织观看祭祀文化先贤的视频等。也有学者提议清明进行吟诵会，吟诵前辈的感人故事，这是一个可取的建议。怀念祖先的范围可推广至乡贤前辈甚至民族文化的古圣先贤，通过这些活动，可培养起年轻一代的敬老尊贤意识，在全社会弘扬孝道，重视文化传承。

（三）仪式建设

仪式方面，首先可考虑从歌乐入手。现在很多学者都注意到仪式音乐建设的问题，其中也包括祭祀音乐的重建课题。笔者以为清明仪式建设的较简略的做法可从歌曲出发。早年田汉、聂耳所创作的毕业歌，风靡一时，大家耳熟能详，至今影响深广，当今一些学子在面临毕业或生日聚会等重要场合时，也能找到几首相应的歌曲来寄托感情。可以说，在生命的一些重要节点，艺术家们确实创作出了一些优秀的歌曲，但还远远不够。以清明为例，它既是一个重要的时令节点，也是中国人的一个特殊的心灵节点，却一直没有合适的歌曲可供传唱，甚至也较少具有时代特征的佳作可供朗诵。在这方面，文艺工作者应有较强的使命感，可以在这方面发挥更大的作用。

其次，现在的祭祀仪式主要是烧纸钱冥币等，比较缺少精神方面的内容，这一点也许可借鉴传统的一些做法，恢复和建构一些礼仪诸如上香、献花、鞠躬、念诵等，使后人的思念缅怀之情能够较好地表达。

（四）载体培育

过去的清明有很多活动，比如冷食、扫墓祭祖、郊游、踏青、插柳、蹴鞠、荡秋千、放风筝等游戏活动，这些内容构成了清明的载体。现在，清明扫墓的活动得以延续，焚烧纸钱在很多地方渐渐被进献鲜花所取代，这多少算是合理的改良，但是鲜花终究算不上是清明节的独特载体。还有饮食，尽管许多地方还保留着清明节的独特饮食，比如"青团"，但也毕竟范围不广。一些体育活动如放风筝、蹴鞠等受到应试教育的影响，在青少年中也基本不见。怎样让清明节具有符合自身特点又能广为接受的载体，是一个值得文化学者思考的问题。没有了载体，节日的内涵和功能就容易空心化。

（五）诗意营造

清明节，一直是一个诗意盎然的节日，悲喜交织，春光明媚，情意生动，古人往往在这一天远足踏青，并创作了大量的诗文。节日具备了一种审美上的诗意，就会予人美好的感觉，其调整身心的功能就能较好地发挥。今天，当清明来临，我们理应搁下手头繁忙的工作，放松身心，或吟诵，或漫步，体会天人交融的惬意。现在全社会都在讨论中华文化的复兴问题，也都关注文化认同问题，从清明等仍然具有生命力且又历史悠久的节日入手进行精神文化建设，应该是一条见效较快的途径。

四、清明民俗活动创新之社会实践

让我们感到清明节俗重建活动迫在眉睫的是最近一段时间，两个与祭礼仪式相关的热点。一个是抖音上一位小朋友直播了从丧母到祭祀的整个过程，求网友安慰打赏，另一个是一位青年人直播自己伯父的丧礼宴席，向网友分享其所见所闻。搜索网络，类似的事件屡见不鲜，参加祭礼仪式本是一件严肃、庄重的事情，特别是自己亲人的祭礼，尤应保持应有的敬畏之心。而当代的这些直播活动却使得祭礼仪式在一定程度上变了味道，其背后显示出了当代社会对于生命的淡漠与生命教育的缺失，传统祭礼活动似乎已经在当代社会丧失了其功能，祭礼活动的重建迫在眉睫。

（一）社区、学校与社会表演

    清明节俗的社会表演实践主要用于公共祭祀仪式的重建。清明节的私人祭祀仪式虽然重要，但是却难以直接干预。私人性质的祭礼涉及到生与死、肉体与灵魂，具有部分神圣仪式的属性，因而不适宜将其显露在当代公共领域之中。相关部门可以指导祭仪移风易俗，却不适合直接干预。公共祭礼则不存在此种问题，公共祭祀活动中，祭祀者与被祭祀者之间并非以私人情感维持，不存在私人情感与公共场合之间的鸿沟。同时，自先秦理性思想兴起以来，公共祭祀仪式多数都以世俗性质出现。现代公共祭礼仪式重建以社区、学校、企事业单位为三种不同的组织平台，下面分别进行阐述。

    社区：社区活动的参与者主要是老幼两个群体，对于这两个群体来说，最重要的是理解生命继替是一种自然现象，在经历仪式体验后能够将自己作为自然界的一部分进而理解生死循环之意义。在社区组织的清明活动中，可以采取一人一故事这种应用戏剧的形式：请老人们讲述前人的故事，自己的故事以及小朋友父辈小时候的故事，小朋友们将老人的故事演出来，通过表演这些故事，让小朋友们亲自感受生命继替这一过程，而对于老人来说，看到孩子们扮演曾经的自己或是自己身边的人，自然可以感受到生命的延续。

    学校：在校生需要通过清明祭礼活动了解有关生命传承的内容。此外，也要以清明节俗重建为契机，完成对在校生的生命教育。学校及教育部门可以根据不同环境、年龄段学生出现的问题在清明节策划应用戏剧活动以及生命教育讲座，从而认识生命现象，建立正确的生命观。清明教育应以审美教育为初阶，生命教育为高阶。中小学生的清明节俗活动可以美育和生命教育并举。小学在清明出游时，以苏醒的春天为主题进行即兴表演，以身体为媒介模仿春天的动物、花草，体验自然的生命之美，还可以以爱护小动物为主题创作小品。中学生则可以创作表演自然界生命由死亡到新生的肢体剧，由对生命之美的欣赏进入到对生命周期的认识。而大学阶段，则应该以生命教育为主，对生命问题展开更为直接的讨论，可设计以爱护生命为主题的应用戏剧情境，引导大学生在自己和同学遇到困难时正确排解自己内心的压力和帮助别人。

在传承先辈精神方面，笔者建议可以借用表演基础训练中的物件小品和画面小品。物件小品利用参与者先辈传下来某个有意义的物件讲述与物件相关的故事，借此传承先辈的精神。物件是先辈与后辈的情感连接，物件的持有者也对自己的先辈更有情感、更为熟知，因此这种传承主要是以情感为媒介，适宜各个年龄段的学生。画面小品可以将表现的范围从有血缘关系的祖辈拓展到英雄故事、历史事件，它更多依靠理念而非情感为媒介传承精神。这种方式要起作用，参与者就必须有一定的知识、教育积累，故而适合高年级及高校学生。采用物件小品、图片小品的优势在于，让学生在表演中将自己与先辈联结起来感受先辈的思想、行为显然要比被动地听故事更能取得好的效果。

（二）企事业单位与职场戏剧开展

企事业单位：目前企事业单位的清明活动主要以烈士陵园、纪念馆祭祀、宣誓为主。在此基础上，同样需要增加有关生命感的内容，这点对于当代社会中的成年人尤为重要。活着的时候爱惜生命，好好珍重自己的身体，面临死亡时知道生死乃是自然规律，以平常心去面对才是较为健康的生死观。现代许多人却反其道而行之。一方面，平日里不爱惜自己的身体，拼命追求金钱、事业，网络上，新闻里，上班族由于过劳猝死的新闻屡见不鲜；另一方面，一旦身体出了问题，又开始陷入恐慌，终日郁郁不安。这种情况需要借助清明节俗重建活动进行改变。笔者认为，直接对职场中的个体进行生命教育宣讲活动效果并不佳。现代社会中，职场人士通常对外界存有戒备，简单的生命教育很容易流于形式，可以尝试在宣讲前使用心理剧的形式帮助人们缓解压力，敞开心扉，这样宣讲的效果会更好一些。此外，职场戏剧也是较为有效的手段，当前有不少专业公司从事戏剧治疗的内容，企事业单位可以与这些公司合作，以清明节为平台，帮助员工建立正确的身体观、生命观、死亡观。

清明节社区、学校、企事业单位活动设计

	社区	中小学	高校	企事业单位
活动目的	建立老幼之间的生命连接观念，理解生命循环的自然现象	在审美活动中感受欣欣向荣的自然生命力。在祭祀活动中了解生命价值的传承	通过生命意义教育树立正确的生命观	与高校类似，但是重点在于建立更为健康的生命观念，打破平时不爱惜生命，出了问题之后又心态失衡的现状
清明节俗中的戏剧、仪式活动	一人一故事戏剧，主题为老一辈的故事	1.物件小品，借助家中上一辈留下来的物件表演故事，传承前人精神 2.以讨论生命为主题论坛戏剧	1.在物件小品之外增加画面小品，表演的范围从有血缘的祖辈扩展到照片中、图画中的英雄 2.同前，情境设置改为高校生活	心理剧，帮助职场中的个体减压并树立正确的生命观
其他活动	1.保留现有的烈士陵园祭祀、扫墓等活动 2.出游、诗歌创作欣赏 3.利用出游的机会开展生命教育讲座	同前	同前	前三项同前 4.与生命教育相关的宣传、论坛活动

第二章 从斗争到和谐：
端午民俗行为的演变轨迹及其现代启示

一、"端午"节日内涵与功能的形成

（一）关于端午起源的几种说法

端午节在中国是一个古老的节日，时当农历仲夏五月五日。它的成型，说法较多。一般认为最迟至西晋，端午已成节俗，根据周处《风土记》的记载："仲夏端午，烹鹜角黍。注云：端，始也，谓五月初五也。"又有"端午造百索系臂""端午采艾，悬于户上"等说法。[1] 而其最早的习俗，如五月浴兰之类，甚至可上溯至战国以前。[2] 同时端午又是一个重要的节日，其影响力可和清明、中秋相提并论，三节和春节一起被称为中国传统四大节日。端午节在历史上有很多称谓，如端五、重五、端阳、天中节、浴兰节、蒲节、女儿节、五月节等。仅从称呼之多，也不难想见端午节之影响力。

关于端午节的起源和早期功能，又是一个聚讼纷纭而又难有定论的问题。总的来说，有纪念屈原（伍子胥、曹娥）说，辟邪说，古代越人新年说、祭祀龙图腾说、效仿勾践操演水师说以及综合起源说等等[3]。其中，"纪念屈原说"流传最广，影响最大，但也最受现代学者怀疑。相对来说学者们往往更倾向于辟邪说或综合起源说。根据现有的资料，笔者也赞同这一观点。由于讨论端午的起源并非本文的目的，所以我们在此并不详论。令笔者感兴趣的问题是：1.为何较晚起的纪念说和食粽习俗会最终成为端午节的主流观念和重要习俗？2.众多的端午起源说有没有共同事项（基因或原型）？如果有，又是什么？3.根据以上两点可得出什么结论？此结论是否能反映民俗文化尤其是节日文化发展演变的某种规律。下文笔者将谈及对这些问题的思考。

1.见陈连山：《话说端午》，上海古籍出版社，2008年版，第3页。
2.《大戴礼记·夏小正》云："（五月）蓄兰，为沐浴也。"《夏小正》相传为夏代遗书。参见清·王聘珍：《大 戴礼记·解诂》，1983年版，第31页。
3.此方面的讨论，可参考杨琳：《中国节日文化》，宗教文化出版社，2000年版；黄石：《端午礼俗考》，台北鼎文书局，1979年版；刘晓峰：《端午》，生活·读书·新知三联书店，2010年版。

（二）早期端午节民俗内涵的共同结构：争斗

端午节有很多民俗活动，称之为端午节俗。代表性的有吃粽子（角黍）、赛龙舟、射柳、饮雄黄酒、斗百草、配五色印（或带五色缕）、挂蒲剑、采艾悬户等。这些看似无关的民俗中，其实有着共同的思维特点，即竞赛和争斗。

赛龙舟又称竞渡，是历史悠久而广泛开展的端午民俗活动，无江河的地方则有旱龙船的习俗，后人认为起源也和屈原相关，[1] 宗懔《荆楚岁时记》云：

> 是日（五月五日）竞渡。按五月五日竞渡，俗谓屈原投汨罗日，人伤其死，故并命舟楫以拯之。至今竞渡，是其遗俗。……杜（公瞻）注："邯郸淳曹娥碑云：五月五日时迎伍君逆涛而上，为水所淹，斯又东吴之俗，事在子胥，不关屈平也。越地传云，起于越王勾践，不可详矣。"[2]

这里提到竞渡（后来演变为"赛龙舟"）的多种起源，事实上，各地不同的起源传说，正说明了竞渡风俗发生的广泛性。这一风俗，流传至今。

竞渡为参赛双方的竞赛，这毫无疑义。民间为竞胜而至有互殴者，唐代张建封的《竞渡歌》就为我们描绘了一幅唐代的风俗画。

> 五月五日天晴明，杨花绕江啼晓莺。
>
> 使君未出郡斋外，江上早闻齐和声。
>
> ……
>
> 鼓声三下红旗开，两龙跃出浮水来。
>
> 棹影斡波飞万剑，鼓声劈浪鸣千雷。
>
> 鼓声渐急标将近，两龙望标目如瞬。

坡上人呼霹雳惊，竿头彩挂虹蜺晕。

前船抢水已得标，后船失势空挥桡。

疮眉血首争不定，输岸一朋心似烧。

只将输赢分罚赏，两岸十舟五来往。

须臾戏罢各东西，竞脱文身请书上。

这次竞渡比赛，最终演变成了斗殴。在这种竞渡民俗活动的背后，其实反映了古人原始仪式中的辟邪厌胜习俗，是另一形式的争斗。《武陵竞渡略》载："今俗说禳灾，于划船将毕，具牲酒黄纸钱，直趋下流，焚醑诅咒疵疠夭札，尽随流去，谓之'送标'。然后不旗不鼓，密划船归，拖置高岸，搭阁苫盖，以待明年，即今年事讫矣。尔时民间设醮预压火灾，或有疾患，皆为纸船，如其所属龙船之色，于水次烧之，此本韩愈送穷，具车与船之意，亦非苟作。"[3]《武林竞渡略》又说龙船竞渡中有有抛桃符兵罐的行为，"桃符兵罐二物，船人临赛掷之以祈胜，非也，桃符能杀百鬼，乃禳灾之具"。[4]可知最初五月划龙船和厌胜辟邪相关，而此种行为用了原始思维中的镇压思维，江绍原先生论之甚详。据江先生分析，最初的五月放舟可能是单纯的禳灾巫术，并非一定须两舟或数舟比赛，后来逐渐演变为竞渡风俗，[5]但从赛前双方互请巫师作法的举动，则仍有原始巫术的痕迹，竞渡的胜方应被认为是很吉利的。

辟邪和镇压巫术，在上古世界各地的人群中，是比较普遍的仪式行为。古人之所以选择五月来禳解，是和古人以5月5日为恶日的观念相关的。《后汉书·礼仪志》云："仲夏之月，万物方盛。日夏至，阴气萌作，恐物不茂……故以五月五日，朱索五色印为门户饰，以难止恶气。"[6]《荆楚岁时记》也云："五月俗称恶月，多禁忌曝床荐席及忌盖屋。""五月五日四民并踏百草，又有斗百草之戏，采艾以为人，悬门户上，以禳毒气。"[7]有恶气恶鬼自然要祛除禳解，这和龙船竞渡的原始思维是一样的。

除了赛龙舟，端午的斗百草和射柳等，也和争斗相关。《荆楚岁时记》已有五月五日四民斗百草的记载，《事物原始》载通州端午节男女于郊原采百草相斗赌赢。《隋唐嘉话》记载，唐中宗朝安乐公主为赢得斗草之胜利，竟派人到南海祈洹寺割取维摩诘塑像上的胡须，而此胡须原是谢灵运的，谢临刑前将自己的美须布施给了该寺供塑像用。可见唐代斗草游戏非常流行。[8]文学上最有名的斗草作品大概要算晏殊的《破阵子》词："巧笑东邻女伴，采香径里逢迎。疑怪昨宵春梦好，原是今朝斗草赢，笑从双脸生。"斗草有两种玩法，可称文斗和武斗。文斗是女孩各自采来花草，互相比赛所拥有的花草和所知道的花草名字，《红楼梦》第六十二回写香菱、芳官等人斗百草可为代表。武斗则是将草叶之茎互相拉扯以比试强度。不管是哪种玩法，都和争斗相关则无异。

射柳的起源较晚，主要流行于北方，庞元英《文昌杂录》载唐代端午这天要"蹋柳"，有人认为即是射柳。又说这天军士要"笼鸟于旗杆，走马用射"。[9]又《开元天宝遗事》："宫中每到端午节，造粉团角黍贮于金盘中，以小角造弓子，纤妙可爱，架箭射盘中粉团，中者得食。盖粉团滑腻而难射也。都中盛行此戏。"[10]又说有些地方流行射葫芦之竞技。这些都说明唐代以后端午有以射为戏的习俗。清朱彝尊《日下旧闻》述射柳之法云："今因辽俗。重五日，插柳球场为两行，当射者以尊卑序，各以帕识其枝，去地约数寸，削其皮而白之。先以一人驰马前导，后驰马以无羽横镞箭射之。既断柳又以手接而驰去者为上，断而不能接去者次之。或断其青处及中而不能断与不能中者为负。每射，必伐鼓以助其气。"[11]辽金尚武，故有此俗，一如南人竞渡之划船比赛。直到清代，北京犹有射柳、决射之俗，潘荣陛《帝京岁时纪胜》、项维帧《燕台笔录》等均有记载。

此外，端午还有采药和铸镜习俗，药是用来疗疾的，铜镜在中国古人的思维中有辟邪的功能。显而易见，端午采药和铸镜也有辟邪镇压的意识在。

再者，端午的一些食俗如饮端午酒（包括雄黄酒、菖蒲酒）之类，也有同样的辟病驱虫功能。高濂《遵生八笺》云："五日午时饮菖蒲雄黄酒，辟除百病，而禁百虫。"[12]

在这些端午起源说法的背后，有一个共同的结构，即竞争或争斗的行为和思维。

1. 参见清·陈梦雷，蒋廷锡:《钦定古今图书集成·历象汇·岁功典》卷五十一，第十九册，第 49 页。
2. 梁·宗懔:《荆楚岁时记》，第 48 页。
3. 明·杨嗣昌，梁颂成辑校:《杨嗣昌集·下》，岳麓书社，2005 年版，第 1472 页。
4. 同上。
5. 江绍原《端午竞渡本意考》，苑利主编:《二十世纪中国民俗学经典·社会民俗卷》，社会科学文献出版社，2002 年版，第 8 页。
6. 清·王先谦:《后汉书集解》，第 1108 页。
7. 梁·宗懔:《荆楚岁时记》，第 47 页。
8. 唐·刘餗:《隋唐嘉话》，中华书局 1979 年版，第 52 页。
9. 清·陈梦雷，蒋廷锡:《钦定古今图书集成·岁功典》，卷五十一，第十九册，第 54 页。
10. 五代·王仁裕撰，曾贻芬点校:《历代史料笔记丛刊·开元天宝遗事》，中华书局，第 29 页。
11. 于敏中等:《日下旧闻考》，北京古籍出版社，1985 年版，第 2356 页
12. 明·高濂:《遵生八笺》，中国医药科技出版社，2011 年版本，第 63 页

（三）历史上端午节日内涵与功能的转化：从斗争到和谐

历史上的文本，大多都认为端午节因拯救或纪念屈原而来，今天民间说到端午节，仍然首先提到的是屈原。媒体的推波助澜，也加深了这种观念。其实此种认识的由来，源远流长。成书于南朝梁代吴均的《续齐谐记》云："屈原五月五日投汨罗而死，楚人哀之。每至此日，竹筒储米，投水祭之。汉建武中，长沙区回，见人自称三闾大夫，谓回曰：'尝见祭甚善，但常患蛟龙所窃，今若有惠，当以楝树叶塞其上，以五彩丝缚之，此二物蛟龙所惮也。'回依言，后乃复见感之，今人五日作粽子，带五色丝及楝叶，皆是汨罗之遗风也。"[1] 前面所引南朝的宗懔的《荆楚岁时记》和《武陵竞渡略》，也都是把端午节与屈原联系在一起。

据以上资料可知，大约从魏晋开始，人们已经将端午的一些节俗如竞渡及食粽等行为和屈原联系起来，其联系的根据是民间传说屈原5月5日投江，而端午节正好在5月5日，竞渡正为营救屈原。人民同情屈原，认为像他这样的贤人不该有这样的结局，所以大家纷纷划着小船去营救。

唐代刘禹锡《竞渡曲》云："竞渡始武陵（今湖南常德市），至今举楫相和之音咸呼'何在'，斯招屈之义也。"[2] 没能拯救屈原，便开始了民间祭祀，以纪念其不屈的灵魂，这可以说很顺理成章的。由此，端午的一些节俗，如吃粽子，缠五色丝等，也和屈原发生了关系，竹筒贮米（粽子的另一形式）是为了保证食物为屈原所得而不为蛟龙所食，五色丝和楝叶塞其上也是为了驱龙。这样，原来的风俗经过新的解释，就获得了新的意义。

在另外的一些地区，端午祭祀的不是屈原，而是伍子胥或曹娥。前面所引《荆楚岁时记》杜公瞻的注概括了竞渡由来三种版本，即吴地纪念伍子胥和越地纪念曹娥以及越王勾践操练水军的演化。可见其中纪念说的影响甚广，今天江浙地区的端午民俗中，有些地方就有纪念伍子胥和曹娥的活动。伍子胥事见《左传》《史记》等，他助吴伐楚、助吴伐越，均大胜之，是一介忠臣。因受到越国的离间和奸臣伯嚭的谗言陷害，最终被吴王夫差赐死，死后被扔进钱塘江。伍子胥不屈的灵魂化作钱塘江的涛神，每月准时而来，民间传说涌潮时能看见伍子胥白马素车站于涛头之上。张煌言诗有"他日素车东渐路，怒涛岂必属鸱夷"，以子胥自比，表达不屈的抗清斗志。曹娥则是因为父亲死于迎接涛神伍子胥的冲浪（弄潮）活动，投江寻找父亲尸体而死的孝女。

在这一礼俗的演变轨迹中，争斗的痕迹犹清晰可辨，"竞渡"仍然是一种竞争，但整个内涵却已悄然发生了某种变化，将前述主要带有巫术色彩的厌胜禳解的仪式过程，转变成了正义与邪恶的较量，并逐渐形成为以见贤思齐为主的纪念活动。在这一转变的背后，弘扬正义，鞭挞丑恶的思想赫然显现其中。这种转变的背后，其实是人文教化对原始巫术思维的取代。虽说是取代，但仍保存了争斗的痕迹。其他一些节俗的演化，同样反映出这样的一个特点，例如端午食俗的变化，即可见一斑：

端午食粽，是保存至今的端午习俗，前引《续齐谐记》就认为和祭祀屈原有关，然据一些学者考证，粽最早乃北方食物，其俗与屈原未必有关。

《玉烛宝典》引周处《风土记》：先此二节（夏至、端午）一日，又以菰叶裹黏米。杂以粟，以淳浓灰汁煮之令熟，二节日所尚啖也。裹黏米一名粽，一曰角黍，盖取阴阳尚包裹未散之象也。[3] 又《齐民要术》引《风土记》注云："俗先以二节一日，用菰叶裹黍米，以淳浓灰汁煮之，令烂熟，于五月五日、夏至啖之。黏黍，一名粽，一名角黍，盖取阴阳尚相裹未分散之时象也。"[4] 可见晋代已有食粽习俗。

此两处所引内容基本相同，只是第一则给人的感觉是以菰叶裹黏米和粟为阴阳，而第二则以菰叶和黍米相裹为阴阳。

《玉烛宝典》又载："又煮肥龟令极熟，名曰俎龟黏米，擘择去骨，加盬豉、苦酒、苏蓼，名为葅龟，并以薢茩，用为朝食。龟骨表肉里，外阳内阴之形，皆所以依像而放，将气养和，辅赞时节也。"[5]此则以龟和米作为阴阳，同时龟的骨肉又外阳内阴。

以上食粽和龟的记载，都提到了阴阳，阴阳在古代本为矛盾对立之物的总称，自然包含竞争之义，但这里"未散""养和"似乎都在强调统一，已暗示出一些信息。

节俗里反映出的阴阳相争到阴阳和谐的变化，是有思想文化上的根据的。古人认为五月是个阴阳相争的月份，成书于秦代的《吕氏春秋》有"是月也，日长至，阴阳争，死生分"[6]的说法，透露出古人认为五月为"阴阳相争，死生相分"的时段。并进一步说："君子斋戒，处必掩，身毋躁；止声色，无或进；薄滋味，无致和。"[7]认为君子在这个月中宜静不宜动，食物要清淡，不要追求五味调和。这里体现的还是防和抗的思想。但这一思想和儒家主流的和谐思想是有所不同的。根据《周易》阴阳盈虚的理论，有月卦概念的提出，即把每一月对应于十二辟卦之一卦。十二辟卦的来源甚早，商代之易《归藏》中已有提及，自西汉孟喜、京房以后，影响更大。根据月卦，五月属一阴五阳之姤卦（☰），地下的阴气已起，而且将逐渐增长取得控制权，在这样的情况下，单纯地强调阳胜阴或阴胜阳并不符合《周易》阴阳互根、与时偕行的道理，相反阴阳既对立又和谐的观念也许更为合理。另外周易之二十四方位图将后天八卦和干支相配，离卦正与五月（午）相配，而离卦则是二阳夹一阴之象（☲）。《周易》的和谐思想，随着儒家思想在汉以后的广泛传播，取代原始的巫术思想中的斗争思维就很自然了。明白了这个道理，对理解端午的其他习俗如铸镜，就很有帮助了。

古代端午铸镜习俗，又是一例。据学者考证，唐代以前通常在五月丙午日铸镜，比如有一面汉镜的铭文是这样的："天兴元年五月丙午日天大赦，广汉造作尚方明竟，幽涷三商，周得无极，世得光明。"此外，还有五月十五丙午日等等造镜的记载[8]。铜镜在民间思维中有镇压辟邪的功能，因此常被用来作为镇宅之物。由于古代以干支计时，丙午日并非每年五月都有，再加上"午"与"五"通，端午节本身也经历了一个从五月午日到五月五日的演变过程。故据张勃博士研究，唐代以后，铸镜时间已主要在五月五日[9]。

之所以要在五月丙午铸镜，刘晓峰先生以为在古人的观念中，五月丙午日午时，一年的阳气会达到极致，能在五月丙午日午时获得天地纯阳之火铸器，就具备了阳的力量。这种观点是有根据的，五月本属夏中，在《周易》后天八卦中，夏至所在的五月属于"离"卦，"离"为火，为日。丙午又属火，周易的观念奇数为阳，五月五日属于两阳相重，也代表阳气的旺盛。但这里有一个问题值得注意，即文献中经常提到的江心铸镜的例子，白居易《百炼镜》云："百炼镜，镕范非常规，日辰处所灵且祈。江心波上舟中铸，五月五日日午时。琼粉金膏磨莹已，化为一片秋潭水……"另《唐国史补》记载："扬州旧贡江心镜，五月五日扬子江中所铸也。或言无有百炼者，或至六七十炼则已，易破难成，往往有自鸣者。"[10]这些记载都将铸镜地点指向水中——江心，如果说丙午或五日代表阳，则江水当为阴，应可理解。前面提到五月是个阴阳相争的月份，同时也是一个阴阳转换的时节，这是一个自然的过程，铜镜要具有辟邪的功能，仅具备阳刚的力量恐怕是不够的，所谓"一阴一阳之谓道"。因此五月铸镜，可能是要取其阴阳调和义。只有水火相济，才能符合和谐之道而无往不胜。这是中国古代哲学的基本思想。

这样，上古的巫术镇压禳解思维，逐渐演变为阴阳的对立和谐思想，[11] 并与纪念正直高尚，不与黑暗势力合作的贤人的精神合流，端午节的内涵就逐渐丰富起来，教育功能和娱乐功能都得到了加强。

从端午节俗的变化中，我们可以得出如下结论：其一，端午的仪式功能经历了从争斗到逐渐和谐的转化，当然这种和谐并非为和而和，而是来自于阴阳观念的对立统一，是既对立又和谐。其二，仪式功能背后的思维经历了由原始巫术思维到人文教化（如纪念屈原或其他先贤的高风亮节，正义战胜邪恶的信仰等）的转化。如果我们再考察清明和重阳等节日，这第二点具有共同性。清明经历了从被禊到缅怀的转化，而重阳则经历了辟邪到敬老的转化。

产生这一演变的原因，除了前述阴阳既对立又和谐思想的影响外，还和古代思想文化的演变密切相关，德国哲学家雅斯贝尔斯认为世界文化都经历过一个轴心时代，这是一个文化觉醒和突破的时代。这个时代，古希腊出现了柏拉图、亚里斯多德，古印度出现了释迦牟尼，中国出现了老子、孔子等哲人。从中国的情况看，商周之交往往被一些学者看作某种分水岭。商以前，为巫觋时代。商代比较重视祭祀，而所祭之帝则被理解为本族的保护神，所以商人认为受命于天，故纣王灭亡时会有"我生不有命在天？"（《西伯戡黎》）的疑问。周代则人文思想勃兴，故有"皇天无亲，惟德是辅"（《左传·僖公五年》）之说。周朝初年，周公制礼作乐，春秋时代，已发展为礼乐时代。[12] 从巫觋到礼乐，恐怖与神秘的意识越来越淡，道德人文的成分越来越浓厚。特别自孔子以后，士大夫有"不语怪力乱神"的传统。那些原始的观念被大量整合到儒家经典如《周易》、《礼记》中而加以理性的解释。秦汉统一后，士大夫和官员的化民成俗的自觉文化意识，又不断地进入民间小传统。这样在节庆仪式中，便既有大小传统杂糅的各种观念，也有了上述讨论的节日内涵明显的转化痕迹。

1. 宋·李昉：《太平预览》卷三十一，国学导航网站。

2. 唐·刘禹锡，孙俪编：《刘禹锡诗全集》，崇文书局，2018 年版，第 158 页。

3. 隋·杜台卿：《玉烛宝典》卷五，中华书局，1985 年影印本，第 227 页。

4. 北魏·贾思勰：《齐民要术》卷九粽壹法，团结出版社，1996 年版，第 370 页。

5. 隋·杜台卿：《玉烛宝典》卷五，第 227 页。

6. 廖名春，陈兴安译注：《吕氏春秋全译》，巴蜀书社，2004 年版，第 399 页。

7. 同上。

8. 刘晓峰《端午》，生活·读书·新知三联书店，2010 年版，第 97 页。

9. 张勃《唐代节日研究》，中国社会科学出版社，2013 年版，第 254 页。

10. 唐·李肇《唐国史补》，古典文学出版社，1957 年版，第 64 页。

11. 端午与和谐观念的讨论，可参考何星亮《从传统节日看古代中国人的和谐理论——以端午节俗为例》，载《民族研究》2008 年第 3 期。

12. 参看徐复观：《中国人性论史》(先秦篇)第二、三章，上海三联书店，2001 年版。陈来《古代宗教与伦 理》导言，生活·读书·新知三联书店，2009 年版。

二、端午节俗功能的现代转化

今天的社会已进入信息时代，人们的生活方式与过去农业社会时代相比已经有了巨大的差别，但重建节日文化，仍应考察传统社会节日演变的文化轨迹，重视历史遗产，这是因为文化心理的影响是长期的。这其中，娱乐性和人文性始终不可或缺。以笔者愚见，对传统节日中一些仍有积极意义的内容，应充分挖掘其内涵并赋予新的意义。

（一）端午节俗功能现代转化的思路

　　一些人类学家认为，原始思维和现代科学思维并非截然相反的两种思维方式，它们往往共存于人类的大脑当中，[1] 瑞士心理学家荣格提出集体无意识说，认为人类的同类型经验会在人的心理深处作为种族记忆而保存。作为人类文化积淀之固化形式之节日事项也应该具有这样的特点，所以完全不顾历史资源而试图创设全新的节日内涵及形式并不可行。就端午节俗而言，既然集体的仪式中隐含着竞赛争斗的心理，那么传统的赛龙舟等节俗就应予保留。赛龙舟活动前可根据不同的地方历史，增加纪念先贤和乡贤的仪式，而并不一定要局限于纪念屈原或伍子胥等，以使这一传统民俗既具有现代的体育价值，又具有饮水思源、重视文化传承的教育意义。另外，射柳这一传统体育项目，也可考虑在公园等游乐场所恢复开展，只要稍变其形式即可。一方面现代人生活压力大，工作节奏快，因时因地开展体育运动，有益于身心健康。作为一种劳动工作后的调整，平静流逝的日子中的短暂宴乐，节日的娱乐和休闲功能是必不可少的。现在虽有射击射箭俱乐部，但属于白领运动，价格昂贵，局限性大。另外古代射礼中的价值观也可以借鉴，《礼记·射义》云："射求正诸己，己正而后发，发而不中，则不怨胜己者，反求诸己而已矣。"指出君子在面对问题时，应该首先寻找主观原因，而不是借口客观环境。孔子云："君子无所争，必也射乎，揖让而升，下而饮，其争也君子。"提倡君子之间的文明竞争。对这些思想加以现代阐释，如合法有序竞争、诚信经营、提高专业水准、提升自我内涵等，是建设社会主义新文化的一种很好手段。此外，端午节的一些卫生观念如喝雄黄酒、炙艾草等，虽然在现代医学发达的今天，已显得落伍。但在这一天普及医学知识，强调中国古代的养生智慧，却是有利无害的。不妨在这节日增添养生保健的内容，提醒大家关注一下自己的身体。现在一方面看病难、就医贵依然困扰着很多人；另一方面则有相当一部分人为了事业"成功"不顾身体顽强"拼搏"。在这一天多关心一下自己的身体，反思一下人生意义，应该也是必要的。

---

1. 参见王铭铭主编：《西方人类学名著提要》（克劳德·列维－斯特劳斯《野性的思维》），江西人民出版社，2006年版，第383-384页。[法]列维·布留尔：《原始思维》俄文版序言，商务印书馆，1981年版。

（二）现代端午节俗的创新

包括端午在内的传统节日建设，必须注重实践层面的工作。笔者以为，首先可从文艺先行，如端午节的传统文艺应景活动有"关公戏"和"钟馗戏"等，关羽是忠义的化身，钟馗则是嫉恶如仇的正义的象征，都具有扶正祛邪的正能量。这些戏曲在诚信、正义普遍缺失的今天可开发出有益的价值。因此，政府部门和国家媒体首先应该担当起积极引导的责任来；其次，有远见的教育家和社会实践家、公益爱好者们可尽力利用学校和社会资源来做优秀传统现代化的普及工作，有责任感的民间力量也可主动开展这一工作。此外众多的艺术家及民间艺术爱好者也可积极地利用网络多媒体技术，以动漫、视频、抖音等形式进行节日文化的创意工作，这样的作品成本低，普及率高，群众性强。笔者所在的学校曾和有社会责任感的艺术家们合作，在上海青浦金泽地区政府的支持下，搞了一块仪式教育的实验场所，以重建节日形式和田野戏剧为载体，尝试学院教育与民间文化的对接互动，组织本科一个院系的同学和乡民共同演习传统节庆仪式，取得了很好的效果，学生和乡民彼此都有收获。这就是传统节日文化重建实践的一种有益尝试。另外笔者所居住的社区，也在街道组织下年年搞端午的节日文化活动，民众的参与度比较高。但怎样让这一活动更具可持续性和民间自发性，仍是值得研究的问题。总之，随着文化建设的深入，理论建设依然重要，然而实践方面的工作也变得越来越紧迫。这一点，需要逐渐形成社会的共识。

三、现代端午节俗重建的社会实践

（一）普及全民体育活动

在以社区、学校为平台的端午节俗重建实践中，可以增加更多的运动项目，比如前面所讲的"反求诸己"的射箭活动，又如"抖空竹""蹴鞠"，这些中国古代的传统体育竞技项目皆可以加入其中。如果说龙舟有一定危险性，又需要长时间的团队磨合，只能有少部分人亲身体验的话，那么"射箭""空竹""蹴鞠"却是大众通过少量时间学习便可以初步掌握的技能。端午体育活动竞技还在其次，主要目的在于通过这些传统的体育项目放松身心、接触并了解中国传统文化，在竞技中学习"射求正诸己，己正而后发，发而不中，则不怨胜己者，反求诸己而已矣"这样的精神。以社区、学校为平台举行的端午体育活动，可以在保留竞争性的基础上增强娱乐性、团队合作性，培养审美意识和进取精神。

（二）树立正确的健康观

　　端午节俗有禳病祛邪的传统内容，面对当下社会出现的药物、保健品乱用，各种打着医疗旗号的伪科学、假科学微商、公众号横行于网络的乱象，以端午为契机，普及正确的疾病、医疗常识迫在眉睫。戏剧作为普及知识的手段一向能取得不错的效果，2019年春节联欢晚会中，小品《儿子来了》借助艺术的形式讽刺了社会上推销假冒伪劣保健品的状况，在社会中引起了巨大的反响。但是，小品毕竟是经过夸张与典型化的戏剧作品，与真实社会尚有差距，而如果使用应用戏剧来表现这一题材，不仅能够模拟现实中真实出现的疾病突发、假药宣传场景，更能直接为参与者提供解决方案，还能让参与者亲身进入情境之中，得到切身的体验。同时，可将医疗常识、防骗知识的讲座融入戏剧活动中，并请医务人员、市场监督人员作为监督者对参与者的表演作出点评。

（三）弘扬当代爱国主义、英雄主义精神

端午节俗活动的重建同样也少不了诗词歌赋，端午节诗词歌赋活动的主题可以与屈原、伍子胥的故事相联系设定为对家国情怀的抒发，对勇于同邪恶斗争的优秀品质的赞扬。借着屈原等志士弘扬爱国主义与勇敢正义的精神。以屈原等为出发点并不意味着诗歌创作都要围绕着他们的故事，诗歌的形式也不必限制在传统格律诗范围，可以当代英雄乃至身边的正义行为为题材，也可以和谐、有序竞争为主题进行创作，在端午节相互品评。艺术形式甚至可扩展至小说创作、戏剧创作等。

端午节社区、学校活动安排

	社区	中小学	高校
活动目的	1. 发扬爱国主义及与邪恶斗争的精神 2. 了解中国文化，体验中国古代的竞技活动。 3. 弘扬契约精神 4. 普及养生常识	同前	同前
端午节俗中的戏剧、仪式活动	1. 以契约精神为主题的应用戏剧，制造遵守契约与得到更大利益的两难选择，引导参与者了解契约精神的重要性 2. 以和谐社区为内容的小品 3. 养生知识为内容的应用戏剧活动 4. 社区中德高望重的老人，文化名人可为学龄前的小朋友们点额祝福	1. 同前，但增加公平竞技的内容 2. 以小品的形式演出屈原或伍子胥的故事，表现出其斗争精神与爱国主义精神 3. 和谐校园为主题的戏剧活动，既可以采用应用戏剧的方式，让学生教师共同思考如何面对校园霸凌、同学矛盾这些问题，也可以单纯地采用艺术戏剧的方式进行演出 4. 同前，但是面对的是中小学在校生，且由老教师与校长进行点额祝福	1. 同前 2. 同前，但是演出应该更为专业，可以对情节作出适当改编 3. 同前，故事背景改为高校生活
其他活动	1. 在居委会的组织下居民共办端午节社区文化展，展出内容包括爱国主义教育、端午民俗传统、养生知识等 2. 社区公平竞技比赛，可使用抖空竹、蹴鞠、高跷等项目，有条件的社区可恢复端午射箭这一传统习俗	1. 校园端午文化周 2. 以传统体育项目为内容的校园体育竞赛活动，活动以公平竞技和弘扬传统体育文化为目标	同前

第三章 成家与立业：
"七夕"节俗与公共仪式背景下的文化重建

一、七夕节俗演变轨迹与内在理路

（一）史料记载中的"七夕"习俗

农历七月七日的晚上，是中国传统民俗节"七夕"。民间传说这一天晚上是牛郎织女一年一度相会的日子，其节俗包括女子向织女乞巧（祈求高超的手艺）、祭拜牛郎织女、饮宴、求子等内容。据南朝宗懔《荆楚岁时记》记载：

> 七月七日，为牵牛、织女聚会之日。
>
> 是夕，人家妇人结彩缕，穿七孔针，或以金、银、鍮石为针。陈几筵、酒、脯、瓜果、菜于庭中以乞巧，有喜子（蜘蛛）网于瓜上，则以为符应。[1]

宋代时，这一节俗内容就变得丰富了，南宋吴自牧《梦粱录》载：

> 七月七日，谓之"七夕节"。其日晚晡时，倾城儿童女子，不论贫富，皆着新衣。富贵之家，于高楼危榭，安排筵会，以赏节序，又于广庭中设香案及酒果，遂令女郎望月，瞻斗列拜，次乞巧于女、牛。或取小蜘蛛，以金银小盒儿盛之，次早观其网丝圆正，名曰"得巧"。内庭与贵宅皆塑卖"磨

喝乐",又名"摩睺罗",孩儿悉以土木雕,更以造彩装座,用碧纱罩笼之,下以桌面架之,用青绿销金桌衣围护,或以金玉珠翠装饰尤佳。[2]

文中可见宋代时七夕乞巧、祭拜、饮宴等节俗已多具备,"摩睺罗"为一种小孩玩的土偶,可能是古代生殖崇拜的遗留,与求子有关。

明清两代犹是如此,明刘侗、于奕正的《帝京景物略》说:

七月七日之午丢巧针。妇女曝盎水日中,顷之,水膜生面,绣针投之则浮,看水底针影。有成云物、花头、鸟兽影者,有成鞋及剪刀、水茄影者,谓乞得巧;其影粗如锤、细如丝、直如轴蜡,此拙征矣。[3]

意思是说在七月七日的中午女子就开始乞巧了,将针丢在水中,根据水面形成的图案来判断得"巧"与否。《中国地方志民俗资料汇编·华北卷·顺天府志》也有类似记载:

七夕,女子以碗水暴月下,各自投小针浮之水面,徐视水底月影,或散如花、动如云、细如线、粗如椎,因以卜女之巧。[4]

1.梁·宗懔:《荆楚岁时记》第 53-55 页。

2.宋·吴自牧:《梦粱录》,三秦出版社,2004 年版,第 46 页。

3.明·刘侗:《帝京景物略》,上海古籍出版社,2009 年版,第 63-64 页。

4.丁世良,赵放主编:《中国地方志民俗资料汇编 华北卷》,北京书目文献出版社,1989 年版,第 5 页。

（二）"七夕"节俗演变的文化分析

在七夕节俗的演变过程中，可见乞巧始终是七夕的主要民俗活动。其他有些内容今天已经消失，例如前面提到的塑卖"摩睺罗"，"摩睺罗"是一种用泥或蜡等塑造的儿童模型，或以为又称"化生"习俗，唐王建《宫词》："七月七日长生殿，水柏银盘弄化生。"《钦定古今图书集成》《中华全国风俗志》等典籍记载历史上全国各地都有七夕塑卖赏玩"摩睺罗"的习俗。学者杨琳和张君都以为和生殖巫术与祈子习俗相关。[1]

"摩睺罗"这个过去较为流传的仪式在今天已不见，原因之一是随着社会的发展，这种带有巫术色彩的仪式不符合人们的理性思维和科学思想，原因之二是七夕求子的内容和中秋的节俗的相关内容是重叠的，例如中秋节俗中有拜月习俗，月亮中的兔子、蟾蜍都是生育能力很强的动物，月宫的桂树砍了又长，具有很强的生命力，这些动物和植物的原始象征意义，都可以看作是上古生殖崇拜思想的反映。因此拜月习俗中有部分内涵是和祈子思想相关的。此外还有"摸秋"习俗，即在中秋夜晚去人家瓜田偷瓜，送给没有生育的妇女，这也是祈子巫术的一种表现。所以笔者认为，很有可能七夕祈子的习俗因和中秋重叠，而逐渐归并到中秋后被人遗忘。在中国，早期不同的节日之间，一些相同或不同的节俗，在流变发展中，会发生整合归并的现象。例如清明节就整合了寒食和上巳节的内容，祭祖和踏青（青年男女游玩和自由恋爱）的内容在三月三上巳节已经有了，寒食不吃熟食则可在一些地方的清明吃青团习俗中看到痕迹。这些习俗被归并到清明后，这两个节日和节俗反而逐渐被人遗忘。因此，七夕求子内容的消失，也很有可能是同样的原因。

在七夕节俗的演变过程中，基本不变的内容主要是牛郎织女的传说。考察牵牛织女星的故事，在历史上的文学作品中很早就出现了。《诗经·小雅·大东》云：

> 维天有汉，监亦有光。跂彼织女，终日七襄。
>
> 虽则七襄，不成报章。睆彼牵牛，不以服箱。

诗中用象征手法，批评了那些名不副实的统治者。其中提到了银河（汉）、织女星和牵牛星，并提到了织女在天上织布的情节。东汉末年的《迢迢牵牛星》也吟咏过牵牛星和织女星：

> 迢迢牵牛星，皎皎河汉女。纤纤擢素手，札札弄机杼。
>
> 终日不成章，泣涕零如雨。河汉清且浅，相去复几许。
>
> 盈盈一水间，脉脉不得语。

另外曹丕的《燕歌行》中"牵牛织女遥相望，尔独何辜限河梁"的句子，也非常有名。

上述的诗歌都提到了天上的牵牛星和织女星，是后来牛郎织女传说的基础，可是在这些诗歌里，还没有后来牛郎织女鹊桥相会的传说，也没有确定七月七日的时间。睡虎地秦墓竹简中，已有"牵牛以取织女"[2]的字样，东汉应劭的《风俗通义》里，已出现了"织女七夕当渡河，使鹊为桥"[3]的描写。另外晋人傅玄的《拟天问》中也有"七月七日，牵牛织女会天河"[4]的说法。

在我国，每逢单月，月与日数字相重的日子往往是重大节日，如正月初一新年、三月三日上巳节、五月五日端午节、九月九日重阳节。依此类推，七月七日成为节日也很合理。但为何将此日和牛郎织女结合起来，并无很合理的解释，《大戴礼记·夏小正》云：

> 七月：汉案户。汉也者，河也。案户也者，直户也。言
>
> 正南北也。……初昏，织女正东向。[5]

也就是说七月初昏时，银河自南而北，织女星朝向东方。而在河对岸，此时和织女星遥遥相对的一颗星，就是牵牛星。

有学者注意到"七"这个数字的神秘色彩及与七夕的关系。"七"在世界许多民族中和宗教中，都含有神秘意味。基督教、佛教、伊斯兰教和中国本土的道教都有重视"七"的内容。[6]例如《旧约》之《出埃及记》上帝要求诺亚在方舟上带上七公七母的畜类和飞鸟作为种子。

在我国，除了道家以外，儒家的经典也同样重视七的神秘性，《周易·复卦》"彖辞"云：

> 反复其道，七日来复，天行也……复，其见天地之心乎。

即以为大自然的运行规律是七日为一个周期，而天地之心，即为天地生养万物之心。[7]生命的产生是阴阳互动的结果，因此《周易》非常强调阴阳互动、阴阳和谐的思想，这表现在人类社会即是夫妇关系的稳定。《序卦传》云：

> 有天地然后有万物，有万物然后有男女，有男女然后有夫妇，有夫妇然后有父子，有父子然后有君臣，有君臣然后有上下，有上下然后礼义有所措。夫妇之道不可以不久也，故受之以"恒"。[8]

再根据《周易》十二辟卦与季节相配之例，与七月对应的为"否"卦，上乾下坤，乃是天地不交而万物不通之象征。但其覆卦，则为天地交泰之"泰"卦。从"否"卦到"泰"卦，正好相隔七位。

另外，根据中国古代医书《黄帝内经》，女子以七为生长周期。《黄帝内经·素问·上古天真》论：

> 岐伯曰：女子七岁肾气盛，齿更发长。二七而天癸至，任脉通，太冲脉盛，月事以时下，故有子。……男不过尽八八，女不过尽七七，而天地之精气皆竭矣。[9]

相对来说，在民间的牛郎织女传说中，织女的地位是仙，牛郎是凡人，织女地位应高于牛郎，而从节俗内容来看，女性的重要性也高于男性，乞巧主要是女性的活动。因此在七月七日这个特殊日子，结合某种天象，将其演变为牛郎织女夫妻相会之日，就很合理了。由是，原来已有的牵牛织女遥遥相望的主题就演变成了牛郎织女夫妻相会的传说，而牵牛，则不再仅仅是遥不可及、无法亲近的牵牛星，而变成了地上勤劳农夫的化身——牛郎，另外各种人物与故事情节也随之附加上去了。故事中出现的王母娘娘等神仙，不过是各种分离因素的象征，而牛郎、织女及喜鹊等，则代表着冲破隔离，团圆相守的愿望。

1.参见杨琳：《中国传统节日文化》，宗教文化出版社，2000 年版，第 274 页；张君：《神秘的节俗》，第 199 页。

2.睡虎地秦简整理小组：《睡虎地秦墓竹简释文》，文物出版社，1990 年版，第 206 页。

3.此说法见于《岁时纪丽》卷三引，不见今本《风俗通义》，然《岁时纪丽》的可信度存疑。

4.隋·杜台卿：《玉烛宝典》卷七，中华书局 1985 年影印本，第 294 页，杨琳先生以为此是牛女相会的最 早 记录，见《中国传统节日文化》，第 290 页。

5.王聘珍：《大戴礼记·解诂》，中华书局，1983 年版，第 41 页。

6.叶舒宪，田大宪：《中国古代神秘数字》，陕西人民出版社，2011 年版，第 132 页。

7.黄寿祺，张善文：《周易译注》，上海古籍出版社，2004 年版，第 191 页。

8.黄寿祺，张善文：《周易译注》，第 598 页。

9.王冰次注，林忆等校：《皇帝内经·素问》，上海古籍出版社，1991 年版，第 10 页。

二、七夕节俗的历史价值与内涵创新的当下意义

（一）七夕节俗的历史价值

首先，"七夕"节日在历史上的出现，起到了情感慰藉的作用。中国古代诗人总是借着节俗抒发自己内心的情感。中秋、七夕、元宵节均有夜游的传统，古人借着这些节俗活动抒发自己对于生命、时间、宇宙的感慨。在诗人眼里，牛郎织女的神话已经不是简单的爱情故事，天空中他们一年一度的相会，引发了诗人对时间与人生的感慨。在现存数量众多的"七夕"诗文中，有的表达对人间团圆的向往。就人生而言，事事圆满是不现实的，所谓不如意事常八九，夫妻长相厮守虽是人人期望的美好理想，但古人也会为追求更好的生活或迫于生计，游学行商、仕宦从军。加上古代交通不便，所以夫妻恋人离别的情况也是经常发生的，这也是为什么中国古代诗歌中"游子思妇"会成为一个重要母题的原因。唐代卢殷的《七夕》诗"河耿月凉时，牵牛织女期。欢娱方在此，漏刻竟由谁。定不嫌秋驶，唯当乞夜迟。全胜客子妇，十载泣生离"，表达了对人间夫妻别离的关切。有的诗歌则给予分离的夫妇以心理安慰，秦观的《鹊桥仙》就表达了"两情若是久长时，又岂在朝朝暮暮"的思想。就当时的社会条件而言，这是一种很正确的爱情观，这种爱情观的背后，是一种达观的人生观。

其次，表现了女性对劳动技艺的重视和社会对女性价值的尊重，这一点是不分贵贱等级的，古代即使皇后也要参加某些劳动以示母仪天下。农业社会以男耕女织为基本的生活方式，因此对劳动技能的重视可以想见。如《汉书·食货志》曰："一夫不耕，或受之饥；一女

不织，或受之寒。"[1]古代社会对女性的手艺也有基本的要求（"妇工"），剔除其封建性的内容，掌握一定的生活技艺是生活的必需，就像男子必须熟练掌握一门谋生手艺一样。因此乞巧的节俗反映出古人对于劳动和手艺的尊重。从生产活动的角度来说，在北方，农历七月七日大致处于夏季作物耕作已经结束，秋收开始之前的一小段农闲时期。在接下来的生产活动中，只需要完成秋收任务的男方逐渐居于次席，主要生产活动是制作衣、被，为过冬做准备。这意味着在接下来的一段时间，女方将成为主要生产者。七夕乞巧是希望女孩子能心灵手巧，拥有更高超的生活和生产技能。

目前可见七夕乞巧的习俗记载最早来源于晋代。晋葛洪《西京杂记》云："汉彩女常以七月七日穿七孔针于开襟楼，人俱习之。"[2]大概是最早的关于七夕乞巧习艺的记载。这样，牛女相会的主题就逐渐与乞巧的主题在节俗中合流了。鉴于以上各点，祝福牛女相会，以寄托自己的理想，希望自己能够夫妇长期相守；同时女性向织女乞巧，祈愿自己能成为心灵手巧的女子，就成为七夕节俗的主要内容了。后周王仁裕《开元天宝遗事》记载：

> 明皇与贵妃七夕宴华清宫，列酒果于庭，求恩于牛女星。各提蜘蛛，闭小宫中，至晓，以丝网细密为巧候。至今士女效之。[3]

这里既有向牛郎织女祈求婚姻久长的仪式，又有观蜘蛛结网乞巧的内容。夏秋是蜘蛛主要的活动时节，从文化传统上看，蜘蛛通常以女性形象出现，例如道教神话《南溟夫人传》中的蜘蛛女仙，《西游记》中的蜘蛛女，故而七夕以蜘蛛结网象征女性纺织。七夕乞巧之所以与牛郎织女相关，大概是因为牛郎织女故事成型之后，各种人物与故事情节也随之附加上去了。织女善于织布，而古代社会男耕女织，从事织布和女红等手艺是女性的基本工作，因此女性向织女乞巧就很正常了，这反映了古人对生产技能的重视。由于封建社会男女地位的差异，一些地区和民族女性被排除于许多重要仪式之外，而七夕乞巧却是以女性为核心，这可以说是中国古代阴阳和谐、男女和谐思想的一种体现。

第三，牛郎织女的神话不仅只是爱情故事，它同时告诫青年男女必须正确处理爱情与工作的关系。明代冯应京《月令广义》所引用梁朝殷芸所撰《小说》一书中，有另一版本的牛郎织女故事：

> 天河之东有织女，天帝之女也，年年机杼劳役，织成云锦天衣。天帝怜其独处，许嫁河西牵牛郎，嫁后遂废织衽。天帝怒，责令归河东，许一年一度相会。[4]

此原文在现存版本殷芸所著《小说》一书中已经佚失，故而这个版本的故事是否产生于南北朝或更早的时期无法考证，然而，至少在宋代，类似的故事已经出现了，宋代诗人张耒所作《七夕歌》中有相关内容为证：

> 帝怜独居无与娱，河西嫁得牵牛夫。自从嫁后废织纴，绿鬓云鬟朝暮梳。
>
> 贪欢不归天帝怒，谪归却踏来时路。但令一岁一相逢，七月七日河边渡。

爱情的确是人生的重要内容，即使是戒律森严的古代社会也并不完全否认青年男女拥有爱情的权利，故而才有"天帝怜其独处，许嫁河西牵牛"的情节，但是古人认为，青年不能因为爱情而废弃了自己的本职工作，不然就会受到谴责以至于遭到惩罚。从这个角度上说，七夕的双重意义，爱情意义和劳动意义被统一起来。相较于当代某些学校与家长对年轻人恋爱的恐惧，这种强调本职工作与爱情协调发展的爱情观无疑较为符合人性。

时至今天，七夕仍然是一个重要的节日，然而，随着时代的变迁，其内涵已暗暗地发生变化，过去乞巧的内容渐渐消失不见了，祝福牛郎织女的内容也淡化了。商家以中国情人节的名义，暗中促销，一些媒体对节俗缺乏了解，客观上也起了推波助澜的作用。这些现象，笔者以为很不妥。节俗的改变，不应该是任意的，需要对历史的尊重；即使需要创新，也应是在传承基础上的创新。民俗学者有所谓民间仪式的国家在场的说法，[5]认为民俗仪式中体现了政治与国家意识对普通人生活的介入。按照这种说法，民俗仪式似乎是为了反映国家意志，满足国家需求，帮助治理社会而存在，似乎无关乎个体的生活、追求、发展。这种观点一定程度符合中国"礼教"社会的传统，但在现代社会，除去民俗仪式的治理功能，通过一定的节俗活动，提倡一种合理的价值观和生活方式，也应该是有意义的。

---

1. 东汉·班固：《汉书》卷二四《食货志上》，中华书局，1962 年版，第 128 页。
2. 东晋·葛洪，程章灿译注：《西京杂记》，贵州人民出版社，1993 年版，第 17 页。
3. 五代·王仁裕等，丁如明辑校：《开元天宝遗事十种》，上海古籍出版社，1985 年版，第 86 页。
4. 明·冯应京辑，戴任增释：《月令广义》，《四库全书存目丛书·史部》第 164 册，济南：齐鲁书社，1996 年版，第 784 页。
5. 参见高丙中：《民间仪式与国家的在场》，北京大学学报，2001 年第 1 期。

（二）七夕节俗仪式的重建思路

以下略述笔者对于七夕节俗仪式创新的几点思路：

首先是培养工匠精神，中国社会和经济经历改革开放后的大规模发展后，逐渐进入一个瓶颈阶段，尤其表现在制造业方面。作为一个制造业大国，我们却缺少大量兢兢业业有专业技术的工人。这是我国和现代发达国家的差距之一，制约了我国生产力的进一步发展。现在整个社会虽然已经意识到这一点，从上到下都在提倡工匠精神，但人们意识深处还未必真正重视"工匠"，政策制度也未体现对"工匠"应有的尊敬。其实在历史上，我国的农业和手工业曾长期领先于西方，精耕细作的农业，对世界农业的发展作出了很大的贡献；传统的手工制造工艺对世界手工业也产生过巨大影响，因此历史上我们并不缺少工匠和所谓"工匠精神"。农业社会中，农业和手工业是基本的生产方式，很多劳动者在精益求精、心手合一的手艺中，逐渐体悟出生活的意义。所谓工匠精神，一方面是对所从事工作的尊重，即敬业精神；另一方面则必须有手艺的存在，需要年轻人平时就有动手的爱好。西方人事事讲究自己动手（DIY），故工匠精神的安放就有基础。当下各类技术院校应以培养大国工匠为己任，七夕时可以举办活动，提升学生们的敬业精神，而对于其他院校来说，也同样需要提升学生们的动手能力，这有助于实践能力的提高。在笔者少年时，一般的成年男性都会修理自行车、鼓捣日常生活器具、装修居室等；女人则家中烹调料理、缝补浆洗，无所不通。在今天，则一切都外包了。而在学校应试教育体系中，科技小组或手工制作课程往往只是点缀。一个从小忽视手艺的民族，又何谈工匠精神呢？此所谓皮之不存，毛将焉附？有鉴于此，在七夕这一天，学校开展一些手工竞赛活动，从而体现对手艺和技术的尊重，也是乞巧仪式的一种现代转化。现代社会要注重培养"德智体美劳全面发展"的人才，即使一个人不能做到严格的全面发展，但是至少基本的生存技能应该人人掌握。学校可以利用"七夕节"的机会，训练学生的生活技能，如烹调、插花、书法等，学习各种简单的生活技巧。

第二是七夕的情感教育，当前教育中，早恋一直被认为是影响学习与身心健康的洪水猛兽。但是，正如歌德在《少年维特之烦恼》中所说的"哪个少女不怀春，哪个少年不钟情"。与其一味地防止、堵截，不如借此机会加强情感教育，培养学生们正确的爱情观、树立健康的情感心理、情感思维。而对于大学生来说，恋爱问题一直是该阶段学生面临的重要人生选择，利用七夕可以更好地加强学生的恋爱教育，强调爱情的专一与婚姻的久长。今天青年人多将七夕作为情人节，但是与西方情人节不同，七夕应该更加委婉地表达自己的情感，爱情不只是风花雪月，更多的是建立在情感基础上的责任与义务。牛郎织女的神话涉及到了家庭成员之间、家庭角色与社会角色之间的矛盾，而这些矛盾至今仍旧是某些人需要解决的，故而借着七夕这个机会，我们可以将牛郎织女神话加以展开，构建虚拟情景，让节俗仪式的参与者探讨家庭、工作和爱情问题，帮助现实生活中这些问题的解决。

第三，虽然随着科学的发展，人们都知道，天界只是古人想象的产物，我们也无需借助七夕这个特别的日子来畅想天界的生活，但是宇宙的魅力是永存的，借助七夕，学校、社区依然可以开展天文活动。通过天文望远镜感受宇宙、银河的魅力，学习天文知识。在中国古代文化中，星宿占有极为重要的位置，向青年讲述星宿及相关神话，普及中国古代的天人合一观念，也可以纳入七夕节俗仪式之中。

三、现代七夕仪式重建的实践方案

（一）公共仪式与私人仪式

当下许多地区的节俗重建活动有一个重要特征，即以学校、社区为仪式发生场合，参与者以群体而非个体的身份参与仪式。此种状况下，节俗活动中的仪式逐渐由私人仪式为主转变为公共仪式为主。私人仪式的参与者主要由家庭或关系密切的个体构成，仪式突出个体自身的经验、感受，而较少与个体的社会角色相联系，仪式的目的在于帮助个体解决生活中出现的问题或完成某种人生阶段的转换。生日、婚礼以及上文所提到的乞巧仪式都可以说是典型的私人仪式。相对地，公共仪式不仅参与人数更多，更重要的是，参与仪式的个体并非以独立主体的形式参与其中，而是要借助某种公共角色，例如：学生、公务员、士兵来参与。典型的公共仪式有：升旗、宣誓、法庭审判等，公共仪式主要解决的是由众多社会角色构成的群体所面临的问题。公共仪式与私人仪式之间并非完全泾渭分明，但多数仪式还是可以按照这种差异分类。传统的七夕仪式接近于私人仪式，七夕乞巧显然是为了提升个体能力，解决个体需求，但是现代快节奏的生活却使得包括七夕乞巧在内的大量私人仪式逐渐简化并消失。重建七夕节俗不得不依托学校、企业机关、社区，以公共仪式的方式进行。由于私人仪式与公共仪式功能、性质上的差异，在进行七夕公共仪式时，其目的、意义以及组织形式也必须有所改变。现代社会中，随着社会分工的进一步细化，任何产品的制作都不再是一个个体能够独立完成的，团队精神越来越重要，一个人的巧拙与否很大程度上是由其是否能够与他人紧密合作来决定的，培养团队精神必须被纳入七夕节俗重建的范围之内，这种建立在互相认同基础上的团队精神培养显然符合公共仪式的特性，但七夕节俗所蕴含的其他内容，情感教育、诗意人生，均是对个体能力的提升，而七夕所解决的情感、家庭问题，也只能是个体问题，这就产生了公共仪式之形式与解决个体问题之目的间的矛盾。

解决此矛盾有两种途径，第一种途径是鼓励恢复七夕礼俗活动中的私人仪式。我们可以利用"新媒体时代"的便利，借助抖音、快手、梨视频这样的短视频分享平台，通过文化部门、新媒体平台、公众号三方的共同合作，制作七夕活动样本，如对月乞巧、吟诗作画、月下弹琴，等等，通过制作流量热点，引导大众在家中模仿、再创作并分享于社交平台与大家共享，在每年一度的热点效应中逐渐化流量为习俗。

第二种途径是提升个体在公共仪式中的行为自由度，在这方面我们可以学习日本经验。在日本，诸如三月三女儿节、五月五男儿节之类的传统节日举办的祭典，及一些地区根据当地神话传说举办的春日祭、夏日祭均已经形成长期自发自觉、有固定流程的民俗活动。祭典虽然有固定的仪式流程，但这些流程却不会对参与者的行为作出严格的限制。例如，一些神社庆典中，除了固定的抬轿仪式外，祭典活动中多数时间会有包括祈福、演艺在内的数个项目同时进行，个体有充分的自由选择自己想要参与的活动。有些活动虽以集体的方式进行，例如抬轿，但是这些活动是建立在充分尊重个体能力、个性、参与权，发挥主观能动性的基础之上的，由个体自愿组成团体加入活动。七夕节俗重建也应当如此，除了必要的仪式项目之外，举办七夕节俗的活动场合可以学习日本的祭典现场，由参与者们自行组织一些有关七夕节俗的即兴表演、相关产品售卖、手工艺品 DIY 工作坊等以提高参与者的积极性。

此外，七夕节活动中的服装也需有所规定。日本祭典中人们穿着的和服象征了日本的文化传统，我们举办七夕活动也可以考虑在一定范围内确立一种相对统一的服装，款式可以有所变化以尊重个性，或者佩戴一种统一的配饰，以加强仪式的共通感。当然整齐划一的校服并不适合，校服象征着为了整体的统一性而放弃了个体权益以及个体对整体的屈从。七夕仪式重建虽然基于公共仪式，有着传承民族文化之功能，却也是一个以独立个体为中心，提升个体能力，解决个体问题的节俗。故而，我们需要在节俗服饰上做到个性化与民族化结合。

（二）七夕功能创新的戏剧手段

戏剧则是重建七夕节俗的另一种可行手段。在七夕节俗活动中，以戏剧的形式将参与者的自我与所扮演角色相结合，不再单纯以某种社会角色参与仪式，有利于解决七夕节俗重建活动中，以公共仪式为平台，却要解决个人问题的矛盾。

作为公众仪式的七夕节活动自身就应该组织为一场戏剧活动而非宣讲活动，这意味着七夕节俗中的参与者不能只像升旗或是职业宣誓活动那样，仅仅按照组织者设定好的剧本内容被动接受教育。参与者必须主动地参与到仪式/戏剧"表演"当中，在仪式所设定的戏剧情景下，与其他参与者沟通、合作，通过自己的思考与行动主动找出解决问题的方式。这场大的戏剧活动可以由一系列"情节"构成，参与者按照剧本大纲的流程参与到每一个情节当中，通过一系列试练来解决其所面临的问题或提升自我能力。以职业技术学校的七夕节俗活动为例，可以将七夕牛郎织女的故事制作成剧本大纲，参与者扮演牛郎织女和喜鹊等各种角色，只有参与者通过重重考验，才能让牛郎织女结合在一起。这些考验可以包含以下一些内容：织女、牛郎展示产生相互青睐的技能、才艺；七夕知识竞赛环节；牛郎织女解决恋爱中遇到的各种问题；参与者改编星宿神话传说为现代小品或故事等。在实际操作中，面向不同群体，七夕仪式之间内容侧重点可以有所不同，使用的戏剧形式、戏剧情境的设定会有所差异。此外，各地还可根据本地区风俗、传说来加入特定内容，以丰富七夕节俗的仪式呈现。

总之，七夕节俗的形式、功能、意义并不是一成不变的，任何节俗活动均必须满足该时代、地域群体的某些需求，对其生活有所帮助才有其存在的价值。在当前，节庆创新不仅要考虑让七夕节俗延续下去，还要特别重视传统节日化民成俗的功能，传承优秀传统文化，促进传统文化的创造性转化，并积极参与到当代文化建设中来。

七夕节在校生活动安排

	小学、初中生	高中生	职业技术学院学生	在校大学生、研究生
活动目的	1. 了解中国古代神话传说 2. 学习天文学常识 3. 提升动手能力	1. 了解中国古代星宿体系 2. 了解正确的婚恋观。	1. 培养工匠精神 2. 提高团队合作能力 3. 培养正确的婚姻观与恋爱观	培养正确的婚姻观、家庭观
七夕节俗中的戏剧，仪式活动	1. 演出课本剧《牛郎织女》 2. 举行乞巧仪式，亲自动手制作乞巧仪式所需要的道具，扮演仪式角色	1. 以应用戏剧的形式，设置戏剧情景，让同学们扮演角色，在演出的同时探讨学习与爱情的关系、情侣间的关系、异性朋友间的关系 2. 利用神话传说与星宿体系，编演星宿故事	同高中	1. 以牛郎织女的故事为背景，利用论坛剧的形式让同学们参与角色扮演，探讨当下生活中面临的婆婆与媳妇、女婿与丈母娘、丈夫与妻子之间的家庭矛盾，以及工作与婚姻、爱情与事业之间的抉择 2. 大学在校情侣、青年夫妻宣誓活动
其他活动	1. 七夕诗歌朗诵比赛 2. 传统文化宣讲	1. 诗歌朗诵、创作比赛 2. 同前 3. 参观天文馆 4. 校园七夕文化日	前4项同前 5. 职业技能与团队合作比赛	同前

第四章 平等与团圆：
中秋民俗的深层历史内涵与现代功能转化

一、中秋溯源与节俗早期内涵功能

（一）早期月祭与生殖崇拜

中秋节的最早起源和祭月仪式相关。从亚洲的两河流域到南美的墨西哥，世界上许多民族均有月祭仪式存在，我国古代也存在秋分祀月的传统。在很多文化中，祭祀月亮的活动通常被看作与生殖崇拜有关。考察古代中华祭月的现象，可以看出我国早期社会也是将月亮与生殖文化相联系的。与此相关，就我国月祭崇拜的对象而言，大致有三种不同的观点：第一种观点认为，祭月的对象是作为星体的具有神性的"月"，根据这种观点，祭月活动是早期人类对于星体及其神秘力量崇拜的表现。另一种观点认为，祭月的对象是"月神"，"月神"有西王母说，蟾蜍说，常羲说[1]，由此推断，该观点认为祭月活动是一种对人格神崇拜的宗教活动。第三种观点调和前两种说法，认为祭月体现了从星体崇拜到神人或神性动物崇拜的过程。即从对作为星体的"月"的崇拜，转向了对以蟾蜍或常羲等形象出现的"月神"的崇拜。

这些观点均有一个共同的特征，即都暗含月祭与生物繁衍的相关信息。以我国史料记载中的祭月为例，西王母崇拜目前可以追溯到殷商时期，殷虚卜辞中记载了"贞之于东母西母"[2]，而西王母与生育、繁衍相关。据宋亦萧先生考证："西汉焦延寿所著《焦氏易林》的繇辞中，多次提到西王母的赐子功能。如坤卦第二之'噬嗑'：'稷为尧使，西见王母。拜请百福，赐我嘉子。'鼎卦第五十之'萃'：'西逢王母，慈我九子，相对欢喜。王孙万户，家蒙福祉。'"[3]这些文字均表明了西王母有生殖之神的含义。中秋民俗中常出现的蟾蜍形象与古人对蟾蜍的生殖崇拜相关。蟾蜍形似孕妇隆起的腹部，口似女阴，且有极强的繁殖能力，故被认为是生殖力量的象征。另外有神力的月球，也被认为与女性的生殖有关。屈原《天问》有"月光何德，死则又育，厥利维何，而顾菟在腹"之句，月的运行规律与动植物的生长繁殖周期密切相关，远古人类在不能科学解释二者关系的状况下，认为月或月神拥有某种可以控制万物繁殖的能力，他们出于生产活动及自身繁衍的需要，而对其加以崇拜。

由此，月祭现象均含有生殖崇拜之义。由于"仪式本身就是一个巨大的象征符号，仪式与象征的技能紧密联系在一起"[4]，因此原始祭月仪式中，通过联想的力量，月、蟾蜍、西王母、月兔[5]等等建构了一个巨大的与生殖相关的符号系统。这一原始仪式虽然在我国历史的进程中逐渐被礼乐文化所改造代替，但是依然在民间信仰中有其影响，直到明清时期的拜月活动中，尚有女性祈子的内容存在，这便是"生殖崇拜"思想的遗留，《金瓶梅》中的吴月娘拜月乞子就是一个例证。

1. 参见袁珂:《中国神话传说词典》,上海辞书出版社,1985 年版, 第 63 页。

2. 罗振玉:《殷墟卜辞考释三种》,中华书局,2006 年版, 第 592 页。

3. 宋亦萧:《西王母的原型及其在世界古文明区的传衍》,《民族艺术》,2017 年第 2 期。

4. 参见彭兆荣著:《人类学仪式的理论与实践》,民族出版社,2007 年版, 第 202-203 页。

5. 或认为月兔乃蟾蜍之变象,兔子的孕期为一个月左右,与月亮的盈亏周期接近。

（二）祭月仪式与礼乐文化

不过中国的祭月活动并非只是简单的生殖崇拜，月球的运行规律与农耕相关，而中秋时节正是农作物收获的季节。原始人类通过类比联想将月球、作物的繁殖与大地母性相联系起来。这些相互联系的概念组成了一套家族相似的体系，虽然三代官方的月祭活动仍有祈求丰产之意，但《礼记》中记载的祭月活动，已经由直观功利性的生殖崇拜逐渐向尊重自然规律转化。

一方面，自周以后，中国人开始产生一套有关世界秩序的"阴阳"观念，月的诸多属性，归于这套体系中"阴"所包含的范畴。"生殖"虽属于"阴"的内容，但并不就是"阴"本身，月则被视为"阴"之代表符号，《礼记·祭义》曰："日出于东，月生于西，阴阳长短，终始相巡。"[1]《礼记·礼器》曰："大明生于东，月生于西，此阴阳之分，夫妇之位也。"[2]这些文献都强调了月与中国文化中的阴阳观念中的"阴"密切相关，并且说明了周代所祭之月代表了某种自然规律和秩序，而非神力的载体。故而，周代官方祭月仪式的目的已经不只是为了"生殖"，而是对代表了万物运行规律的"阴阳"体系的尊重。

另一方面，统治者从自然规律与秩序推及社会规律与秩序，官方祭月仪式已经有了维护社会秩序的含义，成为礼乐文化的一部分。随着儒家礼乐思想的萌芽和人文精神的成长，原始自然崇拜思想逐渐式微，一些原始思维和行为被改造为礼制的一部分，祭祀日月礼的出现即是代表。《礼记·祭仪》说："祭日于坛，祭月与坎，以别幽明，以制上下。祭日于东，祭月于西，以别内外，以端其位。"[3]《大戴礼记·保傅》所载："天子春朝朝日，秋暮夕月，所以明有别也。"[4]此处可以看出，至少在周代，官方祭月的目的已经发生了转化，从对有神性的月或月神之功利性的崇拜转向了对万物运行规律、社会秩序的追求。月的活动规律与自然规律相关，自然规律才是导致万物孕育、生长的原因，而自然规律又与社会秩序同构对应。

这样，周人通过祭月仪式，就将对自然规律的崇拜与维护社会秩序的要求统一起来，并最终达到社会和谐的目的。这种自然规律或社会秩序，或称作"上帝""神明"，《国语·周语上》："古者先王既有天下，又崇立上帝、神明而敬事之，于是乎有朝日、夕月，以教民事君。诸侯春秋受职于王，以临其民。……庶人、工、商各守其业，以共其上。"这里的"夕月"即秋分祭月，统治者通过秋分祭月的仪式，教育官员和人民事君尽职。仪式的原理即在于，宇宙的运行有其规律与秩序，日、月等自然星辰各守其分，不同的人员也应该各尽其职，对自然界规律的敬重即是对社会秩序的维护。

---

1. 杨天宇：《礼记译注》，上海古籍出版社,2004 年版，第 615 页。
2. 杨天宇：《礼记译注》，第 299 页。
3. 杨天宇：《礼记译注》，第 615 页。
4. 清·王聘珍：《大戴礼记解诂》，第 53 页。

（二）神话隐喻与道教修仙

　　神话则在后来中秋节俗的形成过程中起了重要的作用。尤其是"嫦娥奔月"与"吴刚伐桂"两个神话。"嫦娥奔月"故事的早期版本为嫦娥偷西王母不死之药而奔月化身为蟾蜍。[1] 这个故事中，西王母、蟾蜍均是早期社会及民间信仰中人们作为生殖崇拜的对象。此外，由于"月""死则又育"、亏而又盈，在世界各地的文化中通常被认为具有永恒性，而西王母作为不死灵药的拥有者，本身也具有永恒性。"嫦娥奔月"神话的重点在于偷取不死灵药，整个故事表达了人们追求长生的意愿。从故事的结构分析，这个故事还有另外一层更深刻的含义，在许多地区，最早西王母本是被作为月神来崇拜的，西王母拥有永恒的能力在于她有着"不死灵药"这个"法宝"，嫦娥取得"不死灵药"化身蟾蜍，成为月神，意味着在与月有关的神仙系统中，她已经取代了西王母，占据了月神的地位，成为新的月神[2]。两代月神对比，西王母的神力与月神地位是先天就拥有的，而嫦娥的神力和地位则是依靠其自身的行为，这意味着"人"只要通过自身的行动，同样可以成为神；由于作为神的西王母将仙药给予后羿有着"天意"的性质，所以"偷"这个词不仅意味着嫦娥欺瞒了丈夫，而且这一行为指出了嫦娥没有顺应自然规律，选择生老病死，其行为带有反叛天意的色彩。这样分析，嫦娥奔月的故事结构就很类似于道教人士追寻长生的过程。追寻长生本就是逆天意的行为，故而，道教有"渡劫"一说。但是，道士们认为，虽然长生违背天意，但通过自身的修炼或是依靠丹药，就可以成仙从而获得不死之身。两者的基本结构都是，逆天行事，取得长生，名列仙班。较为完整的嫦娥奔月故事出现于《淮南子》一书中，这本书与后来道教的产生又有较为密切的联系。由此可见，嫦娥奔月的故事与道教的修仙观是密切相关的。从早期人们崇拜西王母，到以人的身份偷灵药成为月神的嫦娥故事出现，实质上标志着从原始宗教崇拜向和民间信仰密切联系的道教修仙系统、乃至神仙体系的转化，这个故事也表明了中秋节与追求长生的道教信仰之间有着密切的关系。

吴刚伐桂的神话融入中秋节则反映了中国人对生命生生不息的追求，吴刚伐桂的故事最早见于《酉阳杂俎》，"旧言月中有桂，有蟾蜍，故异书言月桂高五百丈，下有一人常斫之，树创随合。人姓吴名刚，西河人，学仙有过，谪令伐树"[3]。值得一提的是，虽然故事中吴刚是因为有过错而谪令伐树，但在中国神仙故事语境中，贬谪不只是一种单纯的惩罚，道教中有"谪仙"一说，神仙有过错被贬入人间，经过艰苦的修炼才能重新获得仙籍，贬谪过程中的修炼才是贬谪最重要的意义，故而吴刚被谪令伐树本身就是一种修仙的试练。这个故事可以和西方西西弗斯神话中的西西弗斯相比较，吴刚修仙是为了追求长生，西西弗斯在被罚推石头之前也是在不断逃避死亡，两者都是在追求永恒的生命。无限期的伐桂与推石头其实已经意味着它们处在永恒的状态，然而不同之处在于，西西弗斯神话仅有一种惩罚意识而无任何修炼的内涵，它象征着人逃离自己应有的命运就会遭遇惩罚。在西方人心中，死亡是人必须经历的事情，是命运不可抗拒的召唤，如坎贝尔所说"英雄是自觉顺服的人……只有诞生能够征服死亡——不是老旧事物的重现，而是新事物的长成……我们除了上十字架然后复活外，别无他法——也就是完全肢解后，再重新诞生"[4]。这些话表明了，从西方人的宗教与生命观出发，生命是不断的"死亡——诞生"的过程，我们必须顺从命运，对死亡的抗拒并不能获得永恒的生命。中国文化则有一种不同的生命观，桂树在中国文化中有长生与医疗的意义，它被砍了又长，却从未经历过死亡，代表了一种生生不息的生命感，而拥有了永恒生命并不断修炼的吴刚，同样是对于生命永恒信念的表达。嫦娥与吴刚的神话让中秋获得了强烈的生命意识。这些符号与神话出现在中秋节当中，使得中秋节体现出了中国人对于生命永恒的诉求，也反映出中国人天地万物生生不已的世界观。

---

1. 虽嫦娥奔月最早见于战国时代出现的《归藏》一书中，原文为"昔嫦娥以西王母不死之药服之，遂奔为月精"，但故事中缺乏关键人物后羿以及嫦娥偷灵药的情节，最早见于西汉时期的《淮南子·览冥训》

2. 人类学家弗雷泽在《金枝》中分析，早期人类认为人的灵魂寄存于体外，《金枝》中提到内米湖畔的祭司更替必须以折取一段神圣的树枝（金枝）作为开始，一个挑战者折取金枝不仅象征着他得到了挑战在任祭司的权利，也象征着他取得了金枝所蕴含的神圣灵魂，嫦娥故事中的"灵药"与内米湖畔的"金枝"十分相似，可以看作是神力的化身。

3. 唐·段成式：《酉阳杂俎》，上海古籍出版社，2012年，第5页。

4. [美] 约瑟夫·坎贝尔：《千面英雄》，朱侃如译，金城出版社，2011年，第111页。

二、中秋节俗的形成与文化内涵

（一）中秋赏月与节俗成型

除了祭月之外，文人逐渐在日常生活中形成了赏月活动，这是一种诗意的审美活动。此活动的产生应该与美丽的月色以及人们对月的想象相关，《诗经·陈风》中就有《月出》一篇，将月色与美人相应。南朝谢庄的《月赋》中则有"升清质之悠悠，降澄辉之蔼蔼。列宿掩缛，长河韬映；柔祇雪凝，圆灵水镜；连观霜缟，周除冰净。君王乃厌晨欢，乐宵宴；收妙舞，驰清县；去烛房，即月殿；芳酒登，鸣琴荐"之段落描绘月色之美，在月光的普照下，世间的景象皆成美景，令君王陶醉、愉悦。

文人中秋赏月的习俗最早见于魏晋时期，《晋书》卷九十二曰："谢尚书镇六渚，秋夜秉月。率尔与左右微服泛江。"[1]欧阳詹《玩月诗》云："玩月，古也，谢赋、鲍诗、朓之'庭前'、亮之'楼中'皆玩月也。"[2]可见在魏晋南北朝时期的中秋时节，已经出现了文人有组织的赏月活动，这种赏月活动是与民间信仰及官方的祭月仪式不同的自由的审美活动，是中秋习俗形成的又一来源。到了宋代，赏月与拜月，共同构成了作为民俗活动的中秋节的两个方面。

从宋代开始，中秋节放假一天，民间团圆娱乐，加上自周以来祭月活动的影响，以及文人赏月活动的影响，几种因素汇聚在一起造就了为今人所熟知的中秋节的样态，成为中秋作为民俗节日正式形成的首要标志。中秋节正式形成的第二个标志在于，民间信仰在宋代已经融入到中秋活动中。苏轼《望海楼》诗"楼下谁家烧夜香，玉笙哀怨弄清凉。临风有客吟秋扇，拜月无人见晚妆"已经提到了民间拜月这一行为。在宋代，中秋之夜，人们"登楼或于中庭焚香拜月，各有所期。男则愿早步蟾宫……女则澹竚装饰，则愿貌似嫦娥，圆如皓月"[3]。由此可见，民间信仰已经对中秋节形成了较为广泛的影响。宋代之所以被认定为中秋节正式形成的时期的第三个标志，是因为其"团圆"属性最早是在这一时期出现的。南宋吴自牧《梦粱录》中所载家家户户"安排家宴，团圆子女"，[4]证明了在宋代，中秋节已经具有了团圆的含义。何以中秋象征团圆，当然与中秋节的月亮最为皎洁圆整有关。考察中秋节之形成因素，官方祭祀活动产生最早，但是其目的在于塑造社会秩序，且参与人群有限，而文人赏月活动和民间拜月活动则对作为民俗活动的中秋节的成型更为重要一些。综上，作为民俗活动的中秋节应当起源于魏晋时期的文人赏月，发展于唐，后与民间的拜月仪式相结合，在得到官方认定后最终形成于宋。

在明清时期，中秋拜月较前代有了进一步发展。这一时期的文献相较于之前，更为详尽地记录了当时中秋拜月的过程。刘侗《帝京景物略》记载："八月十五日祭月，其祭果饼必圆，分瓜必牙错瓣刻之，如莲华。纸肆市月光纸，缋满月像，趺坐莲华者，月光遍照菩萨也。华下月轮桂殿，有兔杵而人立，捣药臼中。纸小者三寸，大者丈，致工者金碧缤纷。家设月光位，于月所出方，向月供而拜，则焚月光纸，撤所供，散家之人必遍。"[5]此外"北京岁华祀中秋夜，人家各置月宫符像，符上兔如人立，陈瓜果于庭……男女肃拜，烧香旦而焚之"。[6]从这些材料可以看到，相比于前代，明清时期拜月已经形成了一套规定的流程，摆祭案于月出的方向，放置画有蟾兔、月宫或是月光菩萨的月光纸于案上，焚香而拜，最后以烧月光纸，向家人分发祭品结束。这一时期的话本小说中也出现了对赏月和拜月情况的描述。《红楼梦》第一回就出现了贾雨村赏月的情形，而第七十五回描述了众人拜月的情境，"园之正门俱已大开，挂着羊角大灯。嘉荫堂前月台上，焚着斗香，秉着风烛，陈献着瓜果月饼等物。邢夫人等皆在里面久候。真是月明灯彩，人气香烟，晶艳氤氲，不可名状。地下铺着拜毯锦褥。贾母盥手上香拜毕，于是大家皆拜过"。后文中又提到，"贾母因见月至中天，比先越发精彩可爱，因说：'如此好月，不可不闻笛'。"[7]这些记载和描写说明了在明清时代，诗意的赏月活动并未因拜月活动兴起而衰微，赏月与拜月是中秋节活动的共同组成部分。明清时期，中秋赏月已经成了整个中华民族共有的活动而见于各地。"西乡县'中秋夜置酒赏月桂，男泛舟登红崖，妇女亦设佳筵'……句容县'八月中秋大会亲朋玩月'……温州府'中秋是夜邀宾朋赏月，或至江干看潮'。"[8]这类例子还有很多，均反映了明清时代全国各地中秋节阖家团圆，赏月游玩的盛景。

---

1. 唐·房玄龄：《晋书》，第 2391 页。
2. 清·陈梦雷，蒋廷锡：《钦定古今图书集成·岁功典》，卷七十三，第二十一册，第 33 页。
3. 宋·金盈之：《新编醉翁谈录》，辽宁教育出版社，1998 年，第 16 页。
4. 宋·吴自牧撰：《梦粱录》，第 46 页。
5. 明·刘侗，《帝京景物略》，第 361 页。
6. 清·陈梦雷，蒋廷锡：《钦定古今图书集成·岁功典》，卷七十三，第二十一册，第 40 页。
7. 参见清·曹雪芹所著《红楼梦》中的第一回与第七十五回。
8. 清·陈梦雷，蒋廷锡：《钦定古今图书集成·岁功典》，卷七十三，第二十一册，第 29 页。

（二）中秋文化的几大内涵

考察作为民俗节日中秋节的内核，团圆、平等、诗意、生命意识都成为其重要内涵，而团圆又是最为核心的内涵。《梦粱录》中的"安排家宴，团圆子女"，《西湖游览志》中的"八月十五日谓中秋，民间以月饼相送，取团圆之意"[1]以及刘侗《帝京景物略》中的"女归宁，是日必反其夫家，曰团圆节也"[2]，都揭示出中秋团圆的主题。中华民族向有追求和谐圆满的人生理想，而中秋节的形成正满足了人民的这一愿望。唐人殷文圭的"万里无云镜九州，最团圆夜是中秋"和宋人高登"但愿团圆三十秋，不及东西与南北"的诗句，非常恰当地反映出中国人渴望团圆的深层心理。历史上，中秋团圆的意愿，增强了家族、友朋的凝聚力，起到很好的社会调节作用，最典型的例子便是苏轼与苏辙兄弟二人。两人在中秋以诗的形式互通书信，《中秋见月和子由》与《中秋见月寄子瞻》两诗看似只是在相互诉说他们所见到的景色，经历的事情，实质却是在中秋这个合家团圆的时候，以诗意联系起兄弟二人的情感。唐人王建的《十五夜望月寄杜郎中》、宋人司马光的《八月十五夜寄友人》这类诗皆是在中秋节时以诗歌的形式与朋友交流情感，增进友谊。

贯穿中秋文化的另一核心内涵，则是平等的观念。宋人金盈之《醉翁谈录》记载当时京师赏月："倾城人家子女，不以贫富，自能行至十二三，皆以成人之服饰之，登楼或于中庭焚香拜月，各有所期。"[3]《梦粱录》也提到，中秋节属于贫富同乐的日子，"虽陋巷贫窭之人，解衣市酒，勉强迎欢，不肯虚度"。[4]这就完全摆脱了古代祭月礼的贵族性和某些节日的小众特点，成为全民平等欢乐的节日，所谓"风露清，月华明，明月万家欢笑声"。在明清北京城的拜月仪式中，人们将西瓜切成莲花状，在上面供奉月光遍照菩萨，月光平等普照，因此月光菩萨本就有平等的意味，在《佛说月光菩萨经》中，月光菩萨本为一国之王，却不惜将自己的生命献出以施舍恶人，显示了其对众生平等相待的信念，月光也象征着光明，是众生所渴望的事物，佛家常以月来指人的清净本性。而在佛光普照，平等不二的信仰背后，体现出中秋节日精神的平等性。

还值得一提的是，诗情画意也是中秋的内涵。中国的传统节日，贯穿着中国人的时间意识，体现着自然和生命的节律，代表着中国人天人合一的生活理想，所以向来不乏诗情画意，其中尤以中秋为最。"人有悲欢离合，月有阴晴圆缺，此事古难全。但愿人长久，千里共婵娟"的词句，既代表着古人对人生的达观态度，又寄托着他们对人生的美好期待。而"但愿团圆三十秋，不计东西与南北""共看明月应垂泪，一夜乡心五处同"等诗句，通过对人类共通情感的抒发，起到心灵抚慰的效果。至于张孝祥"素月分辉，明河共影，表里俱澄澈。悠然心会，妙处难与君说"之词，则在人与自然的交融中，领会生命的澄明之境。诚如林语堂所言，中国人的诗歌中有着宗教境界，"诗教给中国人一种旷达的人生观，一种慈悲的意识，一种丰富的爱好自然的态度和艺术的忍受性"。唐人崔备诗中的"清景同千里，寒光尽一年……四时皆有月，一夜独当秋。照耀初含露，徘徊正满楼。……愿以清光末，年年许从游"。刘禹锡的"尘中见月心亦闲，况是清秋仙府间……金霞昕昕渐东上，轮欹影促犹频望。绝景良时难再并，他年此日应惆怅"，这些诗写得如梦如幻，将对人生的感慨、思考与中秋的月色结合在一起，使人生充满了诗意。因此，在中秋这样一个美好的日子，我们理应放下手中的工作，放松身心，试着体验诗意栖居的美好。

最后，中秋的内涵还包含着中华文化的生命意识。前文提到，与中秋相关的符号、神话，体现出了中国人的生命意识。西王母、月桂、蟾蜍、月兔本身都是长生的符号。嫦娥奔月、吴刚伐桂则体现出了中国人对生命永恒与精神生生不息的追求。"但愿人长久"就是中秋时刻对生命长久的美好祈愿。中秋的其他意义，团圆、平等、诗意均是人们对世俗生活的美好祝愿，而健康长寿，则是一切美好生活的前提。

---

1. 明·田汝成：《西湖游览志余》，上海古籍出版社，1980 年版，第 361 页。
2. 明·刘侗：《帝京景物略》，第 361 页。
3. 宋·金盈之：《新编醉翁谈录》，第 16 页。
4. 宋·吴自牧：《梦粱录》，第 49 页。

三、当代中秋文化内涵的创造性转化

（一）培育平等观念

前文提到，中秋节带有平等的内涵，就数千年的等级社会而言，平等是相对和有限的，而历史发展到今天，人与人平等、阶层与阶层平等则理应成为社会的普世价值。对此，政府相关部门应利用中秋，通过媒体报刊等多种形式，营造平等和谐的中秋文化；文艺工作者也可积极创新中秋艺术，因为在文艺活动中，是最容易营造平等的气氛的。学校社区则可利用假日，举行文艺活动。但所有这些行为举措，都应有一个共同的特质即群体的参与，只有群体参与其中，才能打破隔阂，产生平等的氛围。所以文艺活动的方式可采取参与者自主互动，无须预设表演者和观众，人人都是表演者，形式则宜多样化。从功能上说，中秋节的群体性更强，这和春节注重家庭、重阳节针对老人是有所不同的。

（二）营造家园感

今天，随着社会经济的发展，城市化已经成为普遍趋势，人口流动频繁，很多务工者、求学者长期离家在外，漂泊成为了一种常态。因此我们更应注重节庆的社会调节功能。由于现在的国定节期只有一天，纯粹意义上的回家团圆很难做到，因而注重中秋团圆内涵中的"家园感"就显得特别重要。李白诗云："但使主人能醉客，不知何处是他乡"，人生漂泊本属无奈，但"家园感"却能让人们融入此时此地的群体之中，获得一种归属感。这种感觉有时甚至比回家团圆更具现实意义。因此政府部门、媒体等可利用中秋节日，在舆论上做一些全社会层面上的沟通工作，以营造家园气氛；乡镇街道乃至文化馆以及社区业委会等民间组织，则可以做一些民间文化和公共文化的建设工作，消除邻里之间的隔阂，建立温馨的社区文化和宜居环境。招收外来务工者子弟的学校，也应做好学生的引导工作，让孩子们爱上"新家园"；而拥有学术资源和文化优势的高校，学生大都来自五湖四海，努力建设和谐的校区家园文化，可让广大学子在获得家园感的同时，逐渐形成社会责任感，这对将来社会的良性发展意义巨大。学校领导和广大教师应该有创设节日校园文化的意识。

（三）感受生命

如上文所说，中秋还体现了中国人内心的生命感以及对长生的梦想，然而，长生并非人人可冀，死亡是人们必须要面对的事情。中国文化中虽有以庄子为代表的豁达面对生死的道家文化，将生死看作是存在的假象而非本质的佛教文化，以及以留名青史为生命意义的儒家文化，但是对于当今中国的多数人来说，死亡仍然令人恐惧，许多老人因为生命的衰老而越来越感到不安，整日处于忧虑当中，不能够安然享受退休的时光。社会老龄化的程度的加深则加剧了这种社会的群体焦虑，因而，加强生命教育是迫在眉睫的事情。在中秋这一特别的时刻，应当采取一些手段，重新引发人们对生命感的思考。例如，社区或学校可以将"祖孙"两代人组织起来，通过讲故事，甚至是排演戏剧的形式，组织参与者亲自扮演角色，既可以演出或讲述自己人生中的故事，通过一系列从年少到年老的故事，让参与者感受生命的过程，更为自然地将生命看作是一种自然规律；也可以演出庄子的故事，让参与者在扮演中感受到庄子豁达的生命观，或者引入宗教的终极关怀理念。无论哪种形式，都是要让参与者能够更为达观地看待生死，让儿童了解生命的历程与意义，让老人建立更为乐观的生命观。此外，还可以利用这个机会，组织一些健康讲座，不仅针对老人，也针对长期忍受工作、学习压力，处于亚健康状态或慢性疾病中的人群，通过医学知识讲座及心理健康讲座等方式丰富他们的健康知识。

（四）涵养敬业精神

　　此外，中国古代祭月仪式包含了人与自然各尽其职的含义，当代中秋仪式重建也应当将该意义延续下去。中秋节活动可以尝试恢复月祭仪式，可以于中秋夜晚将人们聚集在月下举办宣讲活动，介绍从古至今月球对各个时期人类活动带来的影响，感谢月球为人类农业生产、渔业捕捞及其他日常生活带来的便利，月下宣讲的目的是引导人们通过月球规律运行对人类社会产生的意义进而认识到敬业与遵守岗位的重要作用。月下宣讲结束之后还可以组织各个行业群体举行宣誓活动，使各行各业的人们像月球一样在自己的岗位上敬业职守，令社会能够平稳运转。

（五）建构"网络中秋"

从手段上说，中秋节习俗的重建还应当将空间范围从现实拓展到网络，仪式活动并非只有在真实空间中才可进行。现代社会中社会分工导致了家庭规模缩小以及家庭成员之间的物理距离不断拉大，中秋仪式不可能违背社会趋势，在真实空间将分散的家庭成员重新组织，并把较小的两口之家、三口之家或是四口之家重聚为大的家族。这就导致了以团聚为目的中秋仪式在现实中较难实现，而不受物理空间限制的网络则为中秋仪式举行提供了新的平台。当下，由于社交媒体的出现，曾经一度难以在现实中维系的大家族在虚拟空间中可以被重新组织起来，微博、微信群组为家族关系的维系提供了超越物理的空间。其次，近年来，春节期间的抢红包活动、各类公祭日开展的网上祭祀活动，其实质就是仪式或是仪式的一部分。在网络上重建中秋活动，其本质依然是"团圆""平等""诗意""长生"。

网络平台的组织者可以在微信群、微博这些平台组织中秋活动，宣传中秋文化，通过分发积分或是红包作为吸引人群参与活动的手段，组织各家庭群组之间或是家庭群组内部的答题、竞猜活动，题目可以是与中秋相关的内容，也可以扩展到其他传统文化，例如传统习俗、中医知识、历史常识，利用这些题目让大众了解中国传统文化，通过竞猜增加节日气氛。这类活动可以将平日里较少交流沟通的家族成员、甚至是相互陌生的不同家族，重新凝聚起来。正所谓五湖四海皆兄弟。在这些网络活动中，人们不再像日常生活中那样被物理空间所限制，大家共同参与活动，人与人在网络空间中建立起联系，增加了家人、朋友甚至是民族的整体凝聚力，体现出中秋节"团圆"的内涵。在古代，相隔异地的亲人朋友在中秋佳节以互赠诗赋来增加凝聚力，今天，网络平台的出现能让中秋诗歌更具有时效性，组织者可以在网络论坛中组织与中秋相关的诗歌创作大赛，让天各一方的人们相聚在一起，激发起诗情画意，通过赋诗的形式体验中国文化中人与自然和谐相处的理想，领会人生的意义。此外，在今天，拜月活动同样可以放在网上进行，组织者可以将"月光纸"搬到网络上，在网站页面设置嫦娥月兔标志，通过直播的形式，将最好的月亮图像实时呈现在屏幕上。这样，即使是阴雨天气，人们也可以在家中赏月、拜月。这种网络拜月更大的优点在于，在网站上可以用弹幕或是留言板的形式，让大家相互祝福，把对家人、朋友、国家的祝愿在网络中共同表达出来，使人们共享亲人团聚、身体健康、生命长久的美好祝愿，书写下中国人的生命意识。除了这些手段以外，众多的在线游戏平台也可以利用起来，组织一些与中秋相关的线上活动。在这些活动中，有了众人跨越距离的相聚，大家共同参与游戏，不分老幼贵贱，中秋节"平等"的内涵自然就体现出来了。

要想复兴中秋节与传统文化，政府要起到引导作用。以上述中秋创意活动为例，有了政府的支持，社区活动就能够顺利开展，不同网络平台的相关活动就能统筹起来。政府各级部门可以利用行政力量，利用电视台、报纸、街边海报栏等传统媒体组织宣传活动。当然，民间力量、社会团体、优秀企业也要承担社会责任，积极对中秋在内的各类传统节庆活动进行宣传，可以通过制作影视、音乐、舞蹈等艺术作品扩大影响，也可以制作动漫、微电影投放到门户网站、社交平台以及通过快手、抖音等进行宣传；甚至还可以在娱乐、商业性质的动漫、电影、电视剧中植入该类内容，在潜移默化中加大包括中秋节在内的传统文化对大众人群的影响力，使中国人建立起对自己文化的自信。

四、中秋节俗重建的社会实践方案

（一）中秋情景剧

对中秋节俗重建实践，同样需要以学校和社区为主要平台，笔者认为，这两者相比较之下，社区实践的难度较大，地位也更为重要。具有凝聚力的社区不仅能够实现近邻胜于远亲的效果，而且能够帮助个体建立家园感、归属感，减轻现代社会对人造成的孤立感。家园感不仅包括家庭团圆，也包括邻里和谐。此外，与中秋相关的生命教育、诗歌活动也需要依赖于社区来组织。在社区中秋节俗重建活动中可尝试运用戏剧这一手段，相比于一起做月饼、包饺子这样的活动，其优势在于，戏剧可以使参与者之间建立更多的联系，进而使邻里间的关系更为密切，而与家园感相关的内容也可以通过戏剧活动传递给参与者。问题在于，社区以戏剧的形式组织中秋活动不同于学校，根据以往应用戏剧实践的经验，中国的成年人与老年人多数并不愿意，也不主动参与公开场合的戏剧活动。解决这个问题有两种方法：第一，社区工作者扮演角色引导参与者进入戏剧情境。第二，以社区中的小朋友为中介，通过小朋友来鼓励家长参与戏剧活动。戏剧活动不仅仅只是表演，也需要服装、道具多方面的支持，虽然传统中秋节的节俗活动多于晚间进行，但是在白天，社区可以组织起小朋友们为晚上的戏剧活动准备服装道具，培养小朋友之间的合作能力、动手能力。

与家园感相关，中秋节社区戏剧活动的另一目的是解决当前社会中常见的家庭问题、邻里问题。家庭问题如子女与父母之间、夫妻之间、婆媳之间的沟通问题，在传统社会，家庭中成员被要求规范长幼、夫妻之间的关系，在当代，由于这套君臣父子、夫唱妇随的家庭伦理观念已经落后于时代，而新的时代中，多元化的思想又导致了不可能再创造一个统一的家庭伦理与家庭行为标准，但是不同的家庭，面对的许多问题都是共同的。故而，在中秋节的戏剧活动中，可以设置常见家庭问题的情境，让大家参与解决，在戏剧活动中通过亲身参与、体会来探索各自家庭问题的解决之道。在当代社会中，邻里关系相较过去更为生疏。一方面我们需要通过构建密切的邻里关系来建立家园感；另一方面，生疏的邻里关系不代表不存在邻里矛盾，相反，由于邻里的相互疏远导致了一旦出现矛盾，问题会更难以解决，故而我们可以利用戏剧来设置常见的邻里矛盾情境，即通过戏剧演出活动让参与者相互熟悉，也在虚拟的矛盾之中提前为可能出现的真实矛盾寻找解决方式与沟通之道。

（二）诗歌欣赏与文艺创作

中秋的诗歌创作欣赏活动也属于社会表演，活动中有关实践的内容也应根据中秋节俗的功能予以设计。除了赏月、思亲、团圆这些传统内容的诗歌以外，还可以以邻里、家园、中秋神话、养生保健为题进行诗歌创作欣赏，中秋的诗歌活动应与清明、重阳的诗歌活动略有差异，因为中秋最重要的目的还是通过家庭、邻里关系构建都市生活中的家园感，故而以娱乐中互动关系构建为主，审美为辅。神话改编则是体现中秋诗情画意的另一种方式，社区可以在举办诗词赏析创作的同时连带举办一些中秋神话再创作活动，神话再创作主要针对的是较难创作鉴赏诗歌的低龄儿童，让他们尽情发挥想象力，改编中秋神话，并且在晚间的中秋戏剧活动中表演出来。神话再创作一方面可以帮助个体从小了解中秋文化；另一方面也可以开发他们的想象力，增加他们的参与积极性，而且，孩子是连接邻里关系最方便、最重要的纽带，通过小朋友的团体活动，邻里之间的关系自然也就密切起来了。

中秋节社区、学校活动安排

	社区	中小学	高校
活动目的	1. 建立家园意识 2. 构建和谐邻里关系与家庭关系 3. 培养健康的保健意识	1. 构建和谐校园 2. 了解中秋神话 3. 提升审美与故事创作、肢体表演能力	同前
中秋节俗中的戏剧、仪式活动	1. 亲子道具、点心制作活动 2. 以解决邻里、家庭问题为主题的应用戏剧活动	1. 中秋神话短剧演出 2. 以解决校园同学、师生关系为主题的应用戏剧活动 3. 拜月仪式	1. 同样是中秋神话相关的戏剧演出活动，但是更适宜演出经典的三幕、四幕甚至五幕话剧，通过集体创作的形式将中秋神话融入现代内容 2. 同前，但是情境设置改为高校生活　3. 同前
其他活动	1. 中秋出游 2. 诗歌创作与鉴赏 3. 儿童中秋神话朗诵 4. 保健知识讲座	1. 2. 同前 3. 与中秋相关的短视频制作，内容可以是介绍中秋节俗或中秋神话微电影	1. 2. 同前 3. 同前，但是可以制作难度更大一些的微电影，在内容上，诗歌、舞蹈、情节剧均可

第五章 避难—登高—尊高年与诗意人生：关于重阳节俗文化创新的思考

一、重阳节的起源及早期原型

（一）重阳节起源的分析

在传统节日中，重阳节的民俗特征较为特殊。历史上的这一天，人们通常都要外出登高游乐、佩茱萸、饮菊酒、食重阳糕、求长寿等。重阳习俗的起源很早，有战国起源说、汉代起源说等说法。《西京杂记》记载：汉高祖戚夫人侍儿贾佩兰说，以前在宫内时，"九月九日佩茱萸、食蓬饵、饮菊花酒，令人长寿"。[1]可见后世节俗中的一些主要内涵汉代都已有了。史载后来一些地方还有食菊花糕和菊茶的习俗，南朝《太清记》载："九月九日采菊花与茯苓松脂，久服令人不老。"[2]唐代皎然《九日与陆处士羽饮茶》云："九日山僧院，东篱菊也黄。俗人多泛酒，谁解助茶香。"

重阳节为何要举行这些活动呢？这和古人对此节日的理解有关。

"重阳"的名称一般认为来源于《易经》，易以阳爻为九，将九定为阳数，两九相重为重九，日月并阳为重阳，故名重阳。

据南朝吴均《续齐谐记》载：

> 汝南桓景，随费长房游学累年。长房谓之曰："九月九日，

汝南当有大灾厄，宜急令家人缝绛囊、盛茱萸系臂上，登山饮菊酒，此祸可免。"景如言，举家登山，夕还，见鸡犬牛羊一时暴毙。长房闻之曰："此可代也。"今世人每至九日登山饮菊花酒，妇人带茱囊，是也。[3]

这一传说虽未必可信，但有一点值得注意，即它揭示出登高饮菊酒习俗来之于对灾难的恐惧以及由此产生的逃避死亡和灾难的活动。更深一层说，它或许反映了远古人民对于某种灾难的记忆。有学者从《夏小正》"九月内火"，即"大火星不见了"的描述中，认为古人的神秘思维是，火星的休眠自然地与万物的死亡联系起来，因而存在着一种隐层结构（三月三——复活节，九月九——死亡节）并认为这种重阳登高活动是上古洪水灾难的反映。[4] 也有人认为登高是为避火灾。[5]

事实上，九月在我国先民的心目中是一个神秘的月令。先民们仰则观象于天，俯则观法于地，很早就用八卦来比附天地万物，季节历律当然也在其中。古人用十二辟卦来指代十二个月份，九月属剥卦，其卦象为五阴一阳（☶），除上九为阳爻外，其他五爻均为阴爻，象征阴盛阳衰，万物逐渐凋零。到了十月，则是坤卦在位（☷），全阴之象了。所以九月是阳气在高处仅存，自然生机似已潜藏，一年应进入休眠状态。另外，从数字上说，九为至阳之数，重阳为两九相重，已到极盛之地，物极必反，预示着向反面转化。因此古人在这一天避灾，是有其心理根据的。但根据《易经》的道理，任何事物都有可能转化，假如能够出死入生，则"剥"的反卦是代表一阳发动的复卦（☷），代表生命力的回归。[6] 从这个意义上说，重阳似乎也能解释为重新焕发阳气。故周历建子，即以今天的夏历的十一月（卦象为复）为正月，确有一定的道理。这样，古人逢重阳必登高，其深层心理机制主要就是被褉辟灾。

而古人重阳之所以要佩茱萸、食菊花，开始也是因为菊花与茱萸都有辟邪延寿的功能，如《四民月令》云：

> 九日可采菊花，收枳实。[7]

西晋周处《风土记》载：

> 汉俗九日饮菊花酒，以被除不详。九月九日，律中无射
> 而数九，俗尚此日折茱萸以插头，言辟除恶气，而御初寒。[8]

宋人吴自牧《梦粱录》云：

> 今世人以菊花、茱萸，浮于酒饮之，盖茱萸名'避邪翁'，
> 菊花为'延寿客'，故假此两物服之，以消阳九之厄。[9]

其实，茱萸和菊花都可以入药。茱萸又名"越椒"或"艾子"，香味浓烈，可以驱蚊杀虫，而菊花久服则"利血气，令人轻身耐劳延年"，具有养生延命功能，服之可得高寿。而由高寿，又进一步联系到白日飞升以成仙。据《岁时广记》记载：汉恒帝永寿二年丙申九月九日，天师（张道陵）与其夫人"于阆中云台山白日升天，位于上真"。[10]

1. 东晋·葛洪，程章灿译注，《西京杂记》，第 106 页。
2. 南朝·宋·王韵之：《太清记》，见清·陈梦雷，蒋廷锡，《钦定古今图书集成·岁功典》，卷七十六，第 二十二册，第 1 页。
3. 梁·宗懔等《荆楚岁时记及其他七种》，中华书局，1987 年版，第 127 页。
4. 参见张君"九九重阳节——中国传统的死亡节、升仙求寿节和酒神节"，《求索》1993 年第 5 期。
5. 丁世良 赵放主编《中国地方志民俗资料汇编·华北卷》："九日饮菊酒，佩茱萸，登高，以为避火灾。"火属阳，故以阳九日避火灾。书目文献出版社 1989 年版，第 590 页。
6. 参见南怀瑾《道家、密宗与东方神秘学》"十二辟卦"，复旦大学出版社，1998 年版，第 113 页。
7. 崔寔《四民月令》校注（石汉声校注），第 66 页。
8. 欧阳询《艺文类聚》卷四，上海古籍出版社，1982 年，第 81 页。
9. 宋·吴自牧《梦粱录》，三秦出版社，2004 年，第 55 页。
10. 陈元靓编《岁时广记》，上海商务印书馆，1939 年，第 396 页。

（二）重阳节俗功能的转变

不过，随着这一习俗的节日化，重阳日避灾祛邪的神秘意识逐渐淡化，而渐渐演变成了人们祈求长寿、强身健体、祝福儿女、欣赏美食及外出野游等寻求美好生活的民俗活动了。例如后世有重阳吃菊花糕的习俗，"糕"即"高"的谐音，据明代高濂《遵生八笺》记载：九月九日，人们把菊花糕切成薄片，搭在未成年人额头上，祝福道："愿儿百事俱高！"由此可知食菊的含义已由辟邪、求寿高而引申为"百事俱高"，这与其原始意义相去甚远。又如可能由登高演变而来的野宴，也是重阳的一大景观。据载，汉献帝兴平二年，"朝廷以九月九日赐公卿近臣饮宴"[1]。梁代宗懔的《荆楚岁时记》也有记载："九月九日，四民并籍野饮宴。"隋杜公瞻注云："九月九日宴会，未知起于何代，然自汉世来未改。"[2]宋代孟元老《东京梦华录》云："都人多出郊外登高，如仓王庙、四里桥、愁台、梁王城、砚台、毛驼岗、独乐岗等处宴聚。"[3]清代潘荣陛《帝京岁时纪胜》云：重九"都人结伴呼从，于西山一带看红叶，或汤泉坐浴，谓菊花水可以却疾。又有治肴携酌、于各门郊外痛饮终日之俗，谓之'辞青'"[4]。伴随着登高和野宴的，还有插茱萸、赏菊花、饮酒、赋诗等活动，这就使得重阳节完全变成了一个全民游赏性的节日了。

由于士大夫的广泛参与，有些活动，尤其是由爱菊、赏菊而形成的菊文化，逐渐成为重阳节的重要载体，大大丰富了重阳节的内涵，使得重阳节又具有了思乡念亲、抒发怀抱、修身养性等内涵和身心调节的功能。唐寅的《菊花》诗云："多少天涯未归客，尽借篱落看秋风"，即属于思乡念亲的主题；而杜牧的《九日齐山登高》："江涵秋影雁初飞，与客携壶上翠微。尘世难逢开口笑，菊花须插满头归"，则告诉了我们重阳登高赏菊还有心理调节的功能；苏轼"荷尽已无擎雨盖，菊残犹有傲霜枝"和郑谷的"露湿秋香满池岸，由来不羡瓦松高"等名句，则抒发了志士仁人的怀抱；至于陶渊明《饮酒》中"采菊东篱下，悠然见南山"之句，则体现出隐逸者独善其身的理想。这样，重阳节的内涵便愈来愈丰富了。

由重阳节的演变可知，正是人文因素的兴起和雅文化的渗入，使得重阳逐渐摆脱了原始思维和早期信仰的形态，内容更加丰富，格调更加高雅。

1.虞世南：《北堂书钞》，卷一百五十五，天津古籍出版社，1988 年，第 711 页。
2.梁·宗懔：《荆楚岁时记》，第 127 页。
3.宋·孟元老：《东京梦华录》卷八，重阳，中华书局，1982 年版，第 216 页。
4.清·潘荣陛：《帝京岁时记》，北京古籍出版社，1981 年版，第 32 页。

二、重阳节敬老活动的历史内涵

　　今天，重阳节仍是一个重要的节日。二十多年前，政府将重阳正式定为老人节，从而让这一节日的内涵有了进一步的拓展。从历史的角度来说，这一行为可以说是有根据的。在我们的传统语言中，就有"松菊延年""杞菊延年"等祝寿语，因为菊花是重阳的时令花卉，又是重阳文化的重要载体。更重要的是，历史上农历八、九月的秋季，就是传统的敬老时间。

（一）历史上的敬老记载

史书上有关秋季敬老的记载较早见于《礼记·月令》。该篇记载，先秦时期每年的仲秋之月，天子都要"养衰老，授几杖，行糜粥饮食"[1]。这里的"几"，为"古人凭坐者"（《说文》），即几案；"杖"，手杖、拐杖。意思就是说天子对于年老力衰的老人，要授以几、杖，赐以饮食。关于授杖，史书中常称"高年授王杖"。因所授之杖，乃当朝皇帝所赐故称王杖。这个王杖的杖头饰鸠，故又称王杖为鸠杖，象征着老人饮食如鸠，咽而不噎，这是一种健康长寿的祝福。这些都是敬老的国家仪式。

西汉初年，开国皇帝汉高祖刘邦颁布了敬老养老诏令，凡八十岁以上老人均可享受"养衰老、授几杖，行糜粥饮食"的待遇。建始元年九月，汉成帝刘骜即位。在当年所颁布的王杖诏书内，提到七十岁以上的老人，"人所尊敬也"；问候八十岁以上的老人"生日久乎？"将享受这种法定待遇的老人最低年龄降到了七十岁。每年秋天，由地方政府普查人口，对高龄老人进行登记造册，举行隆重的授杖仪式。如《后汉书·礼仪志》中记载："仲秋之月，县、道皆案户比民，年始七十者，授之以玉杖，哺之糜粥。八十、九十，礼有加赐。玉杖长尺，端以鸠饰。鸠者，不噎之鸟也，欲老人不噎。"[2]

唐开元二年（714年）九月，唐玄宗在长安大明宫含元殿，大宴京城父老，并举行了隆重的授几杖敬老仪式。此次赐几杖遍及全国八十岁以上的所有老人，成为我国古代规模最大、最隆重的一次赐几杖仪式。[3]

另外据载，开元二十四年（736）八月初五，为唐玄宗五十一岁生日，他遂将此日定为千秋节，赐宴父老并赐礼物。诏曰：

今兹节日，谷稼有成，倾年以来，不及今岁。百姓既足，

与时偕行　　133

朕实多欢。故于此时，与父老同宴，自朝及野，福庆同之。
并宜坐食。食讫乐饮。兼赐少物，宴讫领取。（《全唐文》：
玄宗《千秋节赐父老宴饮敕》）[4]

---

1. 杨天宇：《礼记译注》，第 200 页。
2. 清·王先谦：《后汉书集解》，第 1109 页。
3.《全唐文》卷二十六，转引自谢元鲁、王定璋《中国古代敬老养老风俗》，
山西人民出版社，2004 年版，第 59 页。
4. 同上，第 77 页。

（二）确立重阳节为敬老节的合理性

从以上这些史料中，可以发现历史上国家敬老行为常发生在八、九月间，这应该和秋季对应于人生的晚年相关，但八月的节日较多，如中秋、迎潮神等。且中秋是个大节，本身已有祭月拜月、家人团聚、庆丰收等内涵，而九月重阳却不同，正好有着延年益寿的祈愿。所以现在国家将敬老作为重阳节俗的重要内容固定下来，这样有所取舍，应该是较为合理的。

以上这些秋季养老敬老的国家行为，无疑和我国古代的尊老传统有关，而尊老的礼仪则是传统礼乐文化的一部分。先秦儒家认为礼是维持人伦日用、社会规范的有效手段，"礼者养也"。儒家提倡孝道，敬老的内容在礼文化中也有大量的规定，《礼记·乡饮酒义》有云：

> 乡饮酒之礼，六十者坐，五十者立侍，以听政役，所以明尊长也。六十者三豆，七十者四豆，八十者五豆，九十者六豆，所以明养老也。

另据《礼记》的《王制》、《内则》篇记载，远古时代，舜每年用"燕礼"，禹用"飨礼"，殷商时则用"食礼"款待老人。周则兼而有之，分别宴请"国老"（有爵位和有德行的老年现任或退休官员）和"庶老"（庶民中的老者），并且"既养老而后乞言"，在敬老宴会上还要请老人们对国政发表意见。除了设宴敬老，当时还有很多具体的养老措施。

这些都构成了重阳节敬老的历史资源。

三、今日重阳节的文化创新

笔者以为，民俗节庆中留存了大量的传统文化因子，而在时代变迁，节庆观念趋淡，节日原义渐失的今天，重新开发节庆功能，事实上是在进行文化重建的工作。但是，任何文化重建，都不可能是凭空杜撰，闭门造车，而应重视挖掘已有的资源，重阳节的重建工作也应如是。

从功能上讲，重阳节自古至今有一个演变的过程，即从最初的祛灾避难之登高逐渐演化为祈求长寿和敬老，它的吉祥物"茱萸"和"菊花"就曾被人们广泛地称为"避邪翁"和"延寿客"。皇帝赐予年老的臣子和百姓中的寿星手杖或衣食物品则是敬老行为的仪式化。

从文化上讲，由于文人爱菊的缘故，屈原、陶渊明、李白、杜甫、孟浩然、苏东坡、陆游、李清照……数不清的文人骚客留下了数不清的重阳诗文，从中反映出的人文精神是非常深厚的，也是其他传统节日难以企及的。

因此，重阳节的文化重建与文化创新，可以从以下几个方面展开。

（一）深化重阳敬老内涵

在今天政府已将之正式定义为敬老节并取得广泛社会共识的情况下，重阳节的主要内涵已变成尊敬老人和关心老人。这样，它的主要功能就指向已超过 2 亿的 60 岁以上的老人、占全国人口 15.5％比例的一个银发社会。既然是一个全民敬老的节日，就需要创造一个全民表达敬老、爱老情感的环境和条件，但就多年来的现状而言，重阳节"特殊"的节日功能并没有收到很好的效果。

据调查显示，过半的年轻人不知道重阳节在哪天，不知道重阳节是传统节日，更不知道"重阳节"与"敬老日"同为一天。而知道重阳节的除了将其与"敬老日"简单划等号以外，绝大多数又并不知道重阳节还有什么特殊意义。

调查还显示，绝大多数报纸传媒在重阳节那天报道的中心话题是"工会""领导""送温暖""看望孤老献爱心"。而大部分老年人对重阳节的期待仅仅是单位的"慰问"。这其实是一种"别无选择"。重阳节也仅仅成为单位退管会一年一度的"一项工作"。这与封建时代的慰劳模式相比，实在有着天壤之别。

我们认为，在重阳节到来之际，其实地方基层政府、公益组织、社区民众、居委会等有很多工作可做，完全可以营造一种年轻人尊老，政府与社会敬老，老年人安老的氛围。例如政府及民间组织可以在重阳前后（逢双休日），举办游艺民俗和文艺演出活动，提倡祖孙三代共同参与，强化祖孙隔代之间的感情，增强报本反始的感恩意识。也可以在重阳节那天，在中小学举行一些手工制作和新媒体创意设计，作为礼物送给家中的老人。此外，大学或研究机构的专家学者，平时应多去社区举办讲座。在秋日重阳时节，则宜多讲涉及晚境的主题，毕竟，人生的有些美好，要到晚年才能体会。医务工作者也可在重阳时期进行公益养生讲座，以应对老年社会的健康需要。

应该说，近年来的中国，由于经济的发展，有相当数量的老年人依然保持着积极投入生活的热情，他们有的走出国门，有的继续学习，有的仍在工作。但也应看到，还有相当数量的老年人缺乏生活的热情，总是被动地并习惯地等待着他人的关爱。因此，营造重阳节的假日气氛，丰富重阳的文化内涵，设计一些普适老人的文化活动，通过一些特定的仪式彰显人生晚年的价值，客观上能够激发起千百万的中国老人热爱生活、珍惜生活、享受生活的美好情怀；焕发他们的青春、活力、"稚气"；重新启迪他们的心智、勇气、力量。总之，鼓励老年人共同参与构建和谐社会，体验美好人生，同圆中国梦，这也是重阳的另一种解释吧！

因此，从以人为本、老有所乐、老有所为和建构敬老文化的角度而言，深化重阳节的节日功能自有其"特殊"意义。

（二）登高与文化提升

重阳节之特殊性，可表现在与清明、端午、中秋诸节的对比上。

以传统形式而言，春节、中秋是讲究亲情团圆、以小家为核心的家庭回归型的传统节日；清明、端午等是以祭悼缅怀为主的个人或公祭型的节日；而重阳节的特点却是外出休闲型的登高游乐，这一点比较符合现代社会人们对生活质量的要求，符合现代人放松心情的需要，但是今天，登高旅游却普遍较难实现。一方面，重阳节并不放假；另一方面，现在城际交通已经很拥堵，大量出行势必更给交通添堵。因此，如何将这一传统模式转化，就显得很重要。笔者以为，历史上登高可以有几重含义，既可以是外出登高，也可以是祝福老人高寿，还有祝福儿女快快长大等意义。故今天我们也可以将登高引申转化为文化水平与文化境界的提高，例如祝贺孩子升入高一等级学习，祝贺自己或他人达到某种新境界，反思自己在价值追求上有没有年年进步，等等。

从具体内容上讲，重阳节除了传统的外出登高外，民间老百姓还普遍保留着赏菊活动。"待到重阳日，还来就菊花"，是家喻户晓的千古名句，也是人们心中对美好生活的向往；"菊花如端人，独立凌冰霜"，则是陆游颂扬的人格，也是中华民族的格言；面对"东篱"，人们自然而然地就会忆起"南山"，就有望精神脱俗一番。有关部门和民间机构、学校、社区及个人均可在重阳办菊展。因为在传统菊文化中，有着思乡念亲、君子人格、回归自然、赞颂生命等多个主题，因此可以结合不同的主题办菊展，通过普及文化知识来提升人们的精神境界，还可举办重阳诗会和文化讲座等。

进入 21 世纪后，很多人在谈文化创意产业，但文化是有其符号性和象征性的，文化创意产业只有在充分了解文化特征的基础上才有可能取得成功。在确定各个节日的文化符号和文化象征方面，我们做得并不够。通过对邻国的民俗文化考察可知，他们在重阳节及其相关的文化遗产的传承方面做得比我们好。例如从节日的象征性符号来说，重阳节自古有着它"特殊"的物质载体：菊花酒、重阳糕。可惜这一节日载体偏偏被我们遗忘了，很多人不知道重阳节该吃什么！倒是我们的邻国韩国还延续着这千年的节令食品。这些也可以成为重阳经济乃至创意文化的一部分。从这个角度讲，一些重阳食物如菊花酒、重阳糕等完全可以重新研究开发。

所以，重阳节与其他传统节日相比，并不缺少可以推陈出新、古为今用的地方；同时，它也更符合现代假日的理念。可以这样说，当代重阳节是一个各方面最能体现节日要素、并被赋予积极意义的传统节日。

（三）将重阳节列为国定假日的建议

重提将重阳节列为国定假日的建议，是因为不在周六、周日的重阳节，人们是不可能请假去看望父母、祖父母的。以笔者为例，也不可能不上课去探望父母亲，当然更谈不上在这一天陪同父母外出走走。所谓登高望远，赏菊秋游，也总是一个不太可能实现的美好愿望。

笔者认为，要使今日之重阳节真正实现其作为一个有"特殊"意义的节日，突出其历史内涵，彰显其文化功能，就在于将重阳节列为"国定假日"——在重阳节到来的这一天，全民放假，使儿女能够放下工作探望父母，儿孙可以暂停学习问候爷爷，邻家的孩子可以知道楼下的阿婆要过节了。人们也可以放下手中的活计，放飞心情，提升思想文化水平。这其实都有助于家庭的和谐、邻里的和谐、社区的和谐乃至整个社会的和谐。

倘若重阳节作为国定节日，就有机会与周末相接，形成一个三天的小假期，特别适合探亲访友，或作短途旅游。而重阳节外出登高游乐的传统节日特点，也正是现代旅游的最基本的要素，

从假日的时间分配上来看，春节（加上除夕、元宵），清明、端午，都集中在上半年，下半年只有中秋，而中秋还可能与国庆重合。因此增加一个重阳节，也显得均衡；从假日经济拉动国民消费、特别是文化创意产业的角度出发，显然也是利大于弊。有时机才会有商机。

现在，政府已将传统节日清明、端午、中秋定为国家法定假日，但却将"重阳节"遗漏了，致使目前的重阳节仍是一个亟待关注而又缺乏关注、冠之以美名而又缺少内涵、流于形式的节日。其实，当重阳节被赋予一个现代节日的"特殊"内涵后，是一个完全可以做到精神文明与物质文明"双赢"的节日。当代重阳节在推陈出新、传承文化、弘扬民族精神方面，符合现代社会的发展、具有得天独厚的发展优势。

此外，重阳节在国外也是一个有影响的节日，日韩东南亚，至今还或多或少地保留着一些民风古迹，倘若某日某国再来一个重阳"申遗"，则叫我们愧对祖先愧对子孙。"端午"之争是前车之鉴，重阳节列入国定假日的建议，理应引起我国政府的重视与早日实施。

四、重阳文化的开发思路与社会实践方案

　　最后以重阳节为例，总结一下节庆文化建设的总体思路并以社区与学校为平台，制作重阳节俗重建活动实践方案。重阳节俗重建以敬老爱老为目的，由对父母在内老一辈人的感谢与尊敬进一步扩展到发扬感恩文化，并减少不同年龄群体之间的代沟，促进科学的保健观念。

（一）提升人气

　　得益于数年前出台的"法定假日"政策，清明、端午、中秋等传统节日迅速聚集了人气，尤其是在年轻人中提升了知名度。相比之下，重阳节就很寒酸了。数年前我们曾在重阳节前后调查过大学一年级学生"最近有什么节日？"学生多半不知，有的回答"万圣节"（万圣节在10月31日）。凑巧问到一个刚毕业参加工作的文科博士，竟也不知哪天是重阳节！缺少了年轻人的参与，文化传承就是一句空话。重阳节是中华民族创造的文化财富，如果先设为国定假日，就可能让年轻人记住这个特殊节日并积极参与到这个节日中来。一味指责年轻人"崇洋节"是不客观的。

（二）突出符号

　　端午的节日符号是粽子、赛龙舟等，其指向是怀念先贤的内涵；中秋节的节日符号之一是月饼，其指向是团圆平等的理念。重阳节的节日符号是什么？也许有人会说"重阳糕"，可这一天有几人在吃重阳糕？此糕与平日我们所吃的糕有何区别？古代的重阳糕，有"狮蛮栗糕""春兰秋菊""食禄糕""菊花糕"等多种，别具含义。除了重阳糕，重阳节的另一个更重要的符号是菊花，然而在将菊花作为重阳节的标志方面，我们研究开发得远远不够，几乎没有人想到将菊花作为重阳的 logo 进行创意设计。菊花和重阳的文化内涵的关系，值得挖掘以便突出其符号价值。

（三）强调感恩

重阳感恩活动不仅限于对老年人，感恩意识是每个存在于社会的个体都需要具备的一种观念，任何社会中的个体都需要在别人的帮助下才能够生存，个体自己也需要不断地去帮助别人，感恩是人与人之间关系建构的重要桥梁。爱因斯坦说："人是为别人而生存的 —— 首先是为那样一些人，他们的喜悦和健康关系着我们自己的全部幸福；然后是为许多我们所不认识的人，他们的命运通过同情的纽带同我们结合在一起。"[1] 我国现代社会既缺乏西方一样的感恩节，又逐渐丧失了传统社会中依靠"情面"构建起来的相互感恩的习俗。故而，以对老人的感恩扩大到建立感恩意识也是重阳节感恩仪式的重要内容。感恩仪式可以由社区或学校组织，仪式分为三个部分，第一部分是"归宁糕""重阳糕"这类点心的制作与赠送活动，通过老少两代或是老中少三代人的亲子活动密切家庭关系。完成制作后，由活动主持者引导小朋友将自己亲手制作的点心按照爷爷奶奶及同辈人、父母及同辈人、自己的同辈人之顺序赠送出去，赠送的时候，一定要感谢对方对自己的照顾。第二部分是引导小朋友们将生活中别人帮助自己的小事通过短剧的形式表演出来，让其家人、朋友猜测这位帮助过他的人是谁，在表演与猜测之间，在突转与发现造成的戏剧性之间，让感恩显现出来。第三部分是老年人之于儿女、被感恩者之于感恩者的情感表达，在感恩仪式中，仅仅只是单向的感恩是不够的，感恩的目的是在感恩者与被感恩者之间建立起情感的桥梁，故而第三部分对于感恩仪式必不可少。

---

1. 爱因斯坦：《我的世界观》，选自许良英译《走进爱因斯坦》，辽宁教育出版社，2005 年版。

（四）以戏剧为手段重建敬老功能

除了上文中重阳感恩仪式第二部分中的儿童短剧外，其他类型的应用戏剧活动也可以应用在重阳节俗重建活动之中，拓展重阳节俗之功能。重阳节的应用戏剧不仅可以以敬老为主题，还可以围绕着老年人生活中出现的问题加以展开，帮助解决当前社会围绕着"老龄化"出现的一系列问题：包括子女不在身边该怎么办，退休之后无法适应社会角色转换该怎么办，恐惧死亡该怎么办，长期与疾病相伴该怎么办，重点在于剧中老年人面对这些困境时的抉择与心态调整，应用戏剧不能给出这些老年人一个所谓正确的答案，却能让老年人在情境中结合自身的问题选择适合自己的答案。树立正确的保健观念是重阳节应用戏剧的另一重要内容，采用的形式可以与前章中端午的形式类似，但重点可以放在如何帮助参与者建立健康的心理与生活方式上。

（五）享受诗意

既是节日，本该不同于平日的琐碎与匆忙，尤其是重阳这样原本就充满了诗意的节日：登高、赏菊、饮酒、赋诗、看望父母，还有插茱萸、吃重阳糕等。孟浩然的"待到重阳日，还来就菊花"，每每把我们带到古人对重阳赏菊的无限憧憬和期待的意境中，"儿童共道先生醉，折得黄花插满头"，更是叫我们领略了古人在重阳那天的浪漫与诗情画意！可是今天的我们像完成任务似地过节。在这个动辄奢言创意的时代，笔者却以为就节日而言，真正的创意应来自于诗意，而诗意的出现需要闲暇的心情和高雅的文化。社区部门应当发挥自己的职能，将老年人组织起来，参观、赏菊、作诗，这类出游活动中的诗歌创作欣赏应围绕着老年人的生活展开，可选择的主题有"尊老敬老""老骥伏枥""老当益壮""老马识途"等等，对于老年人来说，诗歌的审美作用倒是次要，将老年人聚集起来，一方面使其在群体活动中拥有归属感，减少子女远离后内心的孤独；另一方面，以诗歌的形式表达对老年人的尊敬与赞扬，可以提高其自我评价与对生活的信念。最后，老年人在诗歌创作中也将自己的价值体现出来，社区可以在老年人出游创作的诗歌中选一些比较好的作品，在小区、广场的宣传栏中展览，进一步增加老年人的价值感。除了创作诗歌以外，书法、绘画等艺术形式也具有相同的功能。社区虽然是城市中最小的行政治理单位，却象征着国家意志、国家权力，以社区的方式组织老年人的活动，能够让老年人感到自己并没有被国家、社会所遗忘，这本身便是对老年人的尊重。

重阳节社区、学校活动安排

	社区	学校
活动目的	1.通过集体活动减少孤独感 2.普及保健知识 3.提高其自我评价与对生活的信念 4.密切社区内不同代、不同家庭成员之间的关系 5.让老年人能够理性地对自己的人生选择作出思考	1.培养感恩意识，让学生在应用戏剧活动中学会如何感恩，如何以自己的方式表达感恩 2.同前 3.在出游活动与诗歌创作中完成美育
重阳节俗中的戏剧、仪式活动	1.带有戏剧情境的感恩仪式，由剧中角色引导儿童将糕点送给长辈、朋友，进而引导儿童的父母感恩老一辈人。反过来，老人也将做好的糕点送给晚辈，祝愿儿孙百事俱高 2.与感恩相关的戏剧小品 3.以老年人生活方式选择为主题的应用戏剧	1.由儿童主演的感恩短剧活动，请演出者的同学根据演出的内容猜测谁是被感恩者，活动最后由被感恩者发表想法 2.同前，但是增加对老师的感恩内容
其他活动	1.出游活动、体育活动 2.以菊花的食用价值、药用价值为起点，普及各类保健知识 3.在出游活动、体育活动中引导创作"老骥伏枥""老当益壮""老马识途"等主题诗歌，诗歌活动包括游玩过程中的现场诗歌创作和游玩后的诗歌欣赏讨论，由文化水平较高的老年人担任评委，将较为优秀的诗歌作品张贴发表在社区的宣传栏	1.2 同前 3.在出游活动中引导学生创作诗歌感恩老师、同学

第六章 诗意的节庆

　　中国传统节日，是日常生活的调节和提升，也是日常生活的艺术化和审美化，因而充满了诗意。诗人们写下了很多作品来歌咏节日生活的美好，表达他们对人生的感悟。我们不妨选择其中一些脍炙人口的作品，进行品读，加深对节日诗性文化的理解。

一、春城无处不飞花

（一）清明诗歌品读

寒食

唐 韩翃

春城无处不飞花，寒食东风御柳斜。
日暮汉宫传蜡烛，轻烟散入五侯家。

韩翃，字君平，南阳人，唐代诗人，"大历十才子"之一。

第一、二句首先点出时令和地点——寒食日的长安城，接着写出暮春时节的美丽景观，处处飞花，杨柳随风，城市春意盎然，一派繁华景象。

第三、四句，论者多以为是讽喻皇宫的特权以及宦官的专宠。唐代制度，寒食日天下一律禁火，清明日皇帝宣旨，取榆柳之火以赐近臣，表示恩宠。"日暮汉宫传蜡烛"，描写新火自宫中以蜡烛形式向外传送。能得到皇帝赐烛这份殊荣的自然不多，范围仅限由汉宫（实指唐朝宫廷）传到五侯之家，沿途飘散的"轻烟"引人无穷想象，增强了诗歌的表现力。

这首诗不仅记录了唐代仍有禁火和取新火的习俗，而且诗歌本身也达到了很高的艺术成就。俞陛云说："首句言处处飞花，见春城之富丽也；次句言东风寒食，纪帝京之佳节也。三句言汉宫循寒食故事，赐烛近臣。四句言侯家拜赐，轻烟散处，与佳气同浮。二十八字中，想见五剧春浓，八荒无事，宫廷之闲暇，贵族之沾恩，皆在诗境之内。以轻丽之笔，写出承平景象，宜其一时传诵也。"(《诗境浅说·续编》)

长安清明

唐 韦庄

蚤是伤春梦雨天，可堪芳草更芊芊。
内官初赐清明火，上相闲分白打钱。
紫陌乱嘶红叱拨，绿杨高映画秋千。
游人记得承平事，暗喜风光似昔年。

韦庄，字端己，长安杜陵（今中国陕西省西安市附近）人，晚唐诗人、词人，五代时前蜀宰相。韦应物四世孙。

这首诗通过描写清明时节的人事和景物，透露出诗人对昔日唐代盛世的怀念及对当前现实状况的失望。

首联描写时令节气，以春雨芳草写出伤春情绪。"蚤是""可堪"构成语意表达的强化，状写诗人内心的凄凉失落感。

颔联刻画宫中清明风俗和贵族游乐。"内官初赐清明火"句，即描写皇宫清明节取榆柳新火赏赐近臣的旧俗。"上相闲分白打钱"句描写宫中蹴鞠（一说斗鸡）博弈之戏。

颈联状写游春景象。道路上男人游春，骏马嘶鸣；庭院中女子秋千，绿树掩映。

尾联明写世人之乐，暗寓诗人忧虑。游人沉湎于欢快的春游之乐，仿佛盛世再来，诗人却敏锐地感觉到帝国日薄西山的形势，带着深沉的现实忧患。

望江南 超然台作

宋 苏轼

春未老，风细柳斜斜。试上超然台上望，半壕春水一城花。烟雨暗千家。

寒食后，酒醒却咨嗟。休对故人思故国，且将新火试新茶。诗酒趁年华。

苏轼号东坡居士，北宋著名文学家、书法家、画家。诗题材广阔，清新豪健，善用夸张比喻，独具风格，与黄庭坚并称"苏黄"。词开豪放一派，与辛弃疾同是豪放派代表，并称"苏辛"。散文纵横恣肆，与欧阳修并称"欧苏"，为"唐宋八大家"之一。

自古以来，文人写作多伤春悲秋，而苏轼跳出这个圈子，独树一帜。词的开篇之句，描绘了暮春时节，柳枝在春风中摇曳的姿态，苏轼乘着如此春光，登上超然台远眺，"半壕春水一城花，烟雨暗千家"，满城风光尽在眼前。因见此景，作者触景生情。

下片抒情，清明时节，未能返乡扫墓，却在此登高远眺。结合苏轼此时的经历，他是有乡不能回，故而表达对故园、故人、故乡不绝如缕的思念之情。苏轼为了摆脱思念之苦，只好借酒浇愁，自我排遣。"休对故人思故国，且将新火试新茶"，就不要在老朋友面前思念故乡了，不如用新火来烹煮一杯刚采的新茶。最后一句"诗酒趁年华"，则是这首词的高潮所在。除了对心中的苦闷再度自我排遣外，也是与上阕的"春未老"相应合，努力活在当下。

综观全词，苏轼通过写景和抒情，紧紧围绕题目中的"超然"二字，抒发忘怀得失之感。

清明

宋 黄庭坚

佳节清明桃李笑，野田荒冢只生愁。
雷惊天地龙蛇蛰，雨足郊原草木柔。
人乞祭余骄妾妇，士甘焚死不公侯。
贤愚千载知谁是，满眼蓬蒿共一丘。

黄庭坚，字鲁直，号山谷道人，晚号涪翁，洪州分宁人。北宋文学家、书法家、江西诗派开山之祖。

首联两句：由"笑"和"愁"点出清明节具有悲欢两种情趣，此情趣来源于清明之缅怀和游春两种活动。悲是由于怀念先人，继而想起凡人终归黄土的命运；乐是因郊游踏青，感受到春光之美好。

颔联描写清明时节的物候。"雷惊天地龙蛇蛰"，写的是动物在冬眠中被春雷震醒，"雨足郊原草木柔"，写的是植物在春雨的滋润下茁壮成长。两句写出春天万物萌生的景象。

颈联用典。"人乞祭余骄妾妇"出于《孟子》，说的是古代有个专靠到坟茔地里乞讨人家祭品充饥且炫耀于妻妾的人，讽刺那些卑微苟活的群体。"士甘焚死不公侯"用的是介子推宁可烧死也不愿做官的故事，指代那些不愿媚俗苟且偷生的志士。

尾联抒发感慨：人虽有高尚与低俗之别，然最后都同归一抔黄土，半亩荒丘，不要说千载万世之后的是非难以辨认，即便在生前，美丑贤愚又由谁来评说？诗歌在表面通达的背后，实不乏愤激无奈之情。

（二）清明艺术作品欣赏

《清明上河图》

张择端

绢本设色

国画

台北故宫博物院

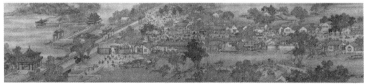

《春柳》 　　吴冠中　纸本设色　国画

　　中国传统节俗文化的现代转化

《游春图》

丰子恺

纸本设色

国画

江上春来似画嵤

华严经云心如工画师能出一切象予作此画有画即是景景即是画之意

子恺闲中作

游春人在画中行

跋前先生 子恺画

二、果然夺得锦标归

（一）端午诗歌品读

竞渡诗

唐 卢肇

石溪久住思端午，馆驿楼前看发机。
鼙鼓动时雷隐隐，兽头凌处雪微微。
冲波突出人齐譀，跃浪争先鸟退飞。
向道是龙刚不信，果然夺得锦标归。

卢肇，唐代诗人，唐会昌三年（公元843年）状元，先后在歙州、宣州、池州、吉州做过刺史。

此诗描写了端午龙舟竞赛的精彩激烈场面。

首联交代作者久住石溪，闲闷难受，适逢端午，便来到驿站宾馆观看龙舟赛。颔联"鼙鼓"句描写龙舟赛锣鼓喧天的声势，"兽头"句渲染龙舟劈波斩浪的场面，以典型画面和细节描写，突出龙舟竞渡的宏大规模。

颈联以"冲波""人譀"写一舟当先突出重围，"跃浪、鸟退"衬托龙舟的速度，以少总多，刻画龙舟赛的动态画面。

尾联交代某船夺得锦标，游戏结束。在龙舟比赛中，要靠实力说话，在人生的竞赛中，又何尝不是如此。

端午

唐 文秀

节分端午自谁言，万古传闻为屈原；
堪笑楚江空渺渺，不能洗得直臣冤。

文秀，唐代诗僧，出生于江南，昭宗时居长安，为文章供奉。文秀的这首诗写得很有深意，一、二两句首先提出一个问题，端午节是从何时开始的？接着自问自答，一向传说是因为纪念屈原而来。这里面已不乏疑问。三、四两句深化主题，民众年年在楚江祭祀屈原，为什么却不能洗刷忠臣的冤屈。这里的"直臣"，除了指屈原之外，也包含历史上的众多正直之士。此诗表面嘲笑江水，实则暗寓封建社会政治制度的荒谬。对坏人当道，善人蒙冤的社会进行嘲讽。小人得志，贤人蒙冤是中国封建社会的体制性荒诞。

乙卯重五诗

南宋 陆游

重五山村好，榴花忽已繁。
粽包分两髻，艾束著危冠。
旧俗方储药，羸躯亦点丹。
日斜吾事毕，一笑向杯盘。

陆游，字务观，号放翁，越州山阴（今浙江绍兴）人，南宋文学家、史学家、爱国诗人。

这首《乙卯重五诗》是陆游朴质自然的作品中的一首，诗为我们打开了一扇窗，窗外是古人在五月五日（端午节）这一天的忙碌生活。

诗一开始就提到了端午，这天正值石榴花期。"榴花忽已繁"这句，"榴花"的色彩和"忽"字的动态，极富视觉冲击力。杜牧的《山石榴》诗曾写道："似火山榴映小山，繁中能薄艳中闲。"相比之下，放翁此句，有一种浑然天成的美感。

好的诗人具有导演般的操控能力，他诗句中有画面、时间、空间、光和影。诗的第二联，山村端午的民俗生活开始呈现。放翁把镜头缓慢地推向眼前景观。艾叶插于帽边，粽子摆于桌上；合良药以抗恶日，点丹符以求平安。夕阳西下，诸事告毕，节日的诸多感慨，一笑付于杯盘之中。一切似乎在变，一切似乎又都没有变，而在这变与不变的日常中，包含着人们的喜怒哀乐，悲欢离合，这就是生命的常态。

节日就是有这样一种魔力，它体现着生活的意义。而在古诗词里，它不单单是一种节日，更是一种文化相，有一种终于相认的亲缘在里面。即使今天的读者，也能透过端午的民俗诗句，触碰到那个时代的温度。不论是千年前的创作还是千年后的阅读，这份熟悉感是刻在民族的基因里的。

"铁马冰河入梦来"的陆游在中原的这块土地上，倾注了他无限的情感和愿望。晚年的他，虽囿于一方烟火，却能把生命落到实地，仍然保持对生命的热爱。这是值得我们学习的。

钱锺书先生说陆游诗中除了"悲愤激昂"之外，还有多是"闲适细腻，咀嚼出日常生活的深永滋味，熨帖出当前景物的曲折情状"。（《宋诗选注》）此篇可谓代表。

小重山·端午

元 舒頔

碧艾香蒲处处忙。谁家儿共女，庆端阳？细缠五色臂丝长。空惆怅，谁复吊沅湘？

往事莫论量。千年忠义气，日星光。离骚读罢总堪伤。无人解，树转午阴凉。

舒頔字道原，绩溪，（今属安徽省）人。擅长隶书，博学广闻。曾任台州学正，后时艰不仕，隐居山中。入朝屡召不出，洪武十年（一三七七）终老于家。归隐时曾结庐为读书舍，其书斋取名"贞素斋"。著有《贞素斋集》、《北庄遗稿》等。《新元史》有传。

元人舒頔的这篇散曲，写得颇有英雄气概。上片首先写端午的民俗风情。家家悬艾草，户户挂蒲剑，小儿女臂缠五色丝，头上点雄黄，千里粽香，一派端午景象。看到此景，作者感从中来，百姓都忙着节庆之乐，似乎忘记了端午凭吊屈原的深义。下片写屈原的千古高风堪与日星争光，作者每次读罢《离骚》，总能感受到屈原的拳拳报国之心，但真正能够理解屈原的又有几人。只能把一段惆怅，付予夏日的光影和凉风。

（二）端午艺术作品欣赏

《龙舟竞渡卷》

王概（清）

《端午图》

任伯年（清）

《端午美味图》

齐白石

书屈原《离骚》（部分）

文徵明（明）

纸本

书法

三、两情若是久长时

（一）七夕诗歌品读

迢迢牵牛星

两汉 佚名

迢迢牵牛星，皎皎河汉女。
纤纤擢素手，札札弄机杼。
终日不成章，泣涕零如雨。
河汉清且浅，相去复几许！
盈盈一水间，脉脉不得语。

牛郎织女的传说，在中国家喻户晓，七月七日牛女相会的故事，更是大家津津乐道的话题。但在早期的文学作品中，这个神话的原始形态并不是这样的。《诗经·小雅·大东》云："维天有汉，监亦有光。跂彼织女，终日七襄。虽则七襄，不成报章。睆彼牵牛，不以服箱。"其意为：天上有条银河（汉），看上去很有光泽。织女星每天运动七次，却织不成布。而那牵牛星，也不能用来拉车厢。《大东》的作者以织女牵牛的天象来影射统治者的尸位素餐、名不副实。织女星为天琴星座主星，在银河北；牵牛星，又称扁担星或河鼓星，天鹰星座主星，与织女星隔银河相对。此篇前六句，就是沿用《大东》的情节而更加富于文学情节。

"迢迢"，远貌；"皎皎"，明貌。本诗第一、二句写在晴朗的夜晚，牵牛星和织女星显得异常遥远而明亮。"女"字将星辰人化，牵牛、织女至此已不是单纯的天象，而是人格化的神。

接下来四句全写织女："纤纤"，柔长貌；"札札"，机杼声。此两句用"纤纤素手"描写了织女的美丽以及在天上织布的情景。"终日"两句，写虽终日织布却不成纹理，并想象织女因伤感而泣下如雨。所以织不成布。从后几句看，乃是因相思和哀怨而无心工作。这自然令人想起《诗经·周南·卷耳》的意境："采采卷耳，不盈顷筐。嗟我怀人，寘彼周行。"《卷耳》的女主人公采了半天卷耳（一种菊科植物），结果采到的卷耳连筐子都没填满，暗示因为思念远方的丈夫而心不在焉。本诗前六句既是睹天象而产生的联想，也是作者自我怀抱的抒发。因此本篇作者是以女性视角来抒情的，或作者为女性也未可知。

最后四句是全诗的重点。"河汉清且浅"两句，写牵牛和织女之间，只隔着一条浅浅的银河，对于两位神灵来说，应该属于"一苇可航"的吧！可为何如此的一弯浅水，却分隔了两位有情人呢？显然，距离不是主要的问题，而应该是一种难以言说的因素，总之此句极为含蓄，亦为后来民间故事的编排留出了空间。刘勰评《古诗十九首》有"五言之冠冕"之誉，此诗善用比兴寄托，含蓄蕴藉，语短而情长。既是对《诗经》传统的继承，又启发了后来很多作者的灵感。

魏晋以后，民间结合农历七月的天象，将牵牛织女星的传说和文学故事融合，形成了七月七日牛郎织女鹊桥相会的"七夕"传统节日。这一节日的主要习俗一是女性向织女乞巧（祈求心灵手巧），这反映了男耕女织时代人们对手艺的尊重；二是祭拜牛女相会并祝愿自己夫妇团圆。自此以后，吟咏"七夕"的诗歌就汗牛充栋了。唐权德舆《七夕》诗云：

今日云骈渡鹊桥，应非脉脉与迢迢。家人竞喜开妆镜，月下穿针拜九宵。

很显然是从《迢迢牵牛星》化出而带上了节日的喜庆色彩，其中也说到了乞巧习俗。

秋夕

唐 杜牧

银烛秋光冷画屏，轻罗小扇扑流萤。

天阶夜色凉如水，坐看牵牛织女星。

杜牧，字牧之，京兆万年（今陕西西安）人。晚唐著名诗人。这是一首从宫女角度写的七夕诗。

首句描写女主人公的室内环境，画屏银烛，秋光满屋，状写室内岑寂环境。"冷"字着意渲染秋凉氛围。次句描写女主人公来到室外，以薄绸小扇扑打飞动的萤火虫，暗含寂寞无聊之感。三句写缓步石阶，夜凉如水，暗示夜深。末句视线转向天上的牵牛织女，以牛女一年一会暗伤自己独处而爱情无望。清代朱之荆曰："烛光屏冷，情之所由生也；扑萤以戏，写忧也；看牛女，羡之也，怨女之情也。然怨而不怒，立言有味。"（《增订唐诗摘抄》）

鹊桥仙·纤云弄巧

宋 秦观

纤云弄巧，飞星传恨，银汉迢迢暗度。金风玉露一相逢，便胜却人间无数。

柔情似水，佳期如梦，忍顾鹊桥归路。两情若是久长时，又岂在朝朝暮暮。

描写七夕牛郎织女相会诗歌中最著名的，当推北宋词人秦观的《鹊桥仙》词。

这是一首在七夕节令吟咏牛郎织女的词，一般写七夕的作品都感慨他们一年只能相会一次。而秦观则以为他们的一度相逢，胜过人间之朝暮聚首。因为牛郎织女有天长地久的真爱。此词歌颂真挚久长的爱情，立意比它词高过一层。

词一开始"纤云弄巧"，一则写出织女手艺的精巧绝伦，因为织女所织乃天上的五色云彩；二则绾合人间七夕的"乞巧"风俗。"飞星传恨"，写织女和其丈夫牛郎只能一年一会，因此到了"七夕"这天，似乎在长空飞驰的星星，也传递着他们的离愁别恨。"银汉迢迢暗度"句暗示在这天的晚上，距离已不是问题，一切的困难也不复存在，这令人想起喜鹊架桥的美丽传说。

接下来词人推开一笔，"金风玉露一相逢，便胜却人间无数"。这美好七夕胜会的幸福感，应该胜过人间那些每天厮守却貌合神离的夫妻吧！"金风玉露"用李商隐《辛未七夕》诗"由来碧落银河畔，可要金风玉露时"的典故，突出时令特点。

下片开始描写约会的美丽。"柔情似水"，两情缱绻，就像流水般温柔缠绵。"佳期如梦"，经历了长久的分离，约会有梦幻般的感觉。

"忍顾鹊桥归路"，一个"忍"字，将相见恋恋之情，无限惜别之意，尽皆包含其中。抒情到此，已到极处。作者偏能空际转身，翻出新意："两情若是久长时，又岂在朝朝暮暮！"虽然一年一会，但神仙间天长地久的爱情，比人间短暂的相守要美好得多，这是第一层意思；聚少离多的真爱，要比日日厮守的无爱婚姻更有感觉，这是第二层意思。这两句，一反前此同类诗文中的悲苦情绪，而代之以达观开朗的基调，同时也代表了那个时代正确的婚姻观。

（二）七夕艺术作品欣赏

《鹊华秋色图卷》

赵孟頫（元）

绢本设色

国画

《瑞鹊图》

钱选（元）

绢本设色

国画

《织女图》

张灵（明）

纸本

国画

《月曼清游图册 —— 七月桐荫乞巧》

陈枚（清）

绢本设色

国画

北京故宫博物院

中国传统节俗文化的现代转化

四、明月几时有

（一）中秋诗歌品读

念奴娇·中秋
宋 苏轼

凭高眺远，见长空万里，云无留迹。桂魄飞来，光射处，冷浸一天秋碧。玉宇琼楼，乘鸾来去，人在清凉国。江山如画，望中烟树历历。

我醉拍手狂歌，举杯邀月，对影成三客。起舞徘徊风露下，今夕不知何夕？便欲乘风，翻然归去，何用骑鹏翼。水晶宫里，一声吹断横笛。

词的上片先写凭高远眺所见。中秋之夜，万里无云。"桂魄飞来，光射处，冷浸一天秋碧"，因无云故月亮显得特别明亮。古时称月为魄，传说月中有桂树，故月亮又名"桂魄"。此几句写中秋月夜一片清光，整个世界沉浸在一片秋凉之中。作者遂由此遥想月中世界，"玉宇琼楼，乘鸾来去，人在清凉国"，月宫中应是一个清凉世界吧！那里的仙女们乘飞鸾来往于琼楼玉宇间，是何等的自由自在啊！据《异闻录》载，唐明皇游月宫，"见素娥十余人，皓衣，乘白鸾，笑舞于广庭大桂树下"，此处用此典。"江山如画，望中烟树历历"，在月光的映照下，远方的世界树影婆娑，如画般美丽。

下片笔锋一转："我醉拍手狂歌，举杯邀月，对影成三客。"这三句化用李白《月下独酌》"举杯邀明月，对影成三人"的诗句。李白《月下独酌》诗所反映的是一种深刻的孤独感。而作者这里的"举杯邀月""拍手狂歌"，反映的却是人与月合一的陶醉感。故"起舞徘徊"，竟至于忘记时间而"今夕不知何夕"，于是"便欲乘风，翻然归去，何用骑鹏翼"，心已飞升，自可随风而至月宫，骑鹏反属多余。"水晶宫里，一声吹断横笛"，届时，在澄澈的月宫里，一定会想起词人的横笛声吧。此词洒脱飘逸，豪情满怀，令人读之思飞天外。

水调歌头·明月几时有

宋 苏轼

丙辰中秋，欢饮达旦，大醉，作此篇，兼怀子由。

明月几时有？把酒问青天。不知天上宫阙，今夕是何年。我欲乘风归去，又恐琼楼玉宇，高处不胜寒。起舞弄清影，何似在人间？

转朱阁，低绮户，照无眠。不应有恨，何事长向别时圆？人有悲欢离合，月有阴晴圆缺，此事古难全。但愿人长久，千里共婵娟。

俞陛云评曰："明月生于何时？天上有无宫阙？甲子悠悠，谁为编纪？三者皆玄妙之语，可谓云思霞想，高接混茫。起笔如俊鹘破空疾下，此调本高亢之音，得公椽笔，压倒豪杰矣。'琼楼玉宇'二句，以高危自警好，即其赠子由词'早退为戒'之意，上清虽好，不如戬影人间也。下阙怀子由，谓明月且难长满，何况浮生焉能长聚，达人安命，愿与弟共勉之。全篇若云鹏天马，一片神行，公之能事也。"（《唐五代两宋词选释》）

念奴娇（洞庭青草）

宋 张孝祥

洞庭青草，近中秋，更无一点风色。玉鉴琼田三万顷，着我扁舟一叶。素月分辉，明河共影，表里俱澄澈。悠然心会，妙处难与君说。

应念岭表经年，孤光自照，肝胆皆冰雪。短发萧骚襟袖冷，稳泛沧溟空阔。尽挹西江，细斟北斗，万象为宾客。扣舷独啸，不知今夕何夕。

张孝祥，号于湖，南宋爱国词人。宋孝宗乾道元年（1165），张孝祥知静江府（今广西桂林）兼广南西路经略安抚使，遭谗落职，自桂林北归，路过洞庭湖时，写下此词。（此篇也成为历代作品中咏写洞庭湖的名篇。）

洞庭青草，近中秋，更无一点风色。

上片起始三句，交代游湖的时间等信息，"洞庭"和"青草"为湖名，一南一北，总称洞庭湖。洞庭广大，长期以来一直是中国第一大淡水湖，故有"八百里洞庭"之说。历来写洞庭的名篇甚多，屈原《湘夫人》有"袅袅兮秋风，洞庭波兮木叶下"之千古名句。孟浩然《望洞庭湖赠张丞相》亦有"气蒸云梦泽，波撼岳阳城"之奇思壮词。时近中秋，张于湖笔下洞庭的景色又复不同，"更无一点风色"点明风平浪静、水波不兴的湖面景观和作者的体表感受，为下文进一步铺陈伏笔。

玉鉴琼田三万顷，着我扁舟一叶。

此二句描写大自然的壮美和人的自由之境。"玉鉴琼田"，形容水面如玉镜琼田般光滑莹润，"三万顷"写洞庭湖之开阔；"扁舟一叶"写人与舟之渺小，而此渺小之扁舟逆旅，作者用一"着"字，活泼灵动，写出人与大湖主客相即，物我无间之态。因而此处一叶之小并非反衬人类在自然面前之渺小，而是人在天地大怀抱中的自在无碍的归属感。

素月分辉，明河共影，表里俱澄澈。

此三句写水月交辉、光明澄澈之境。月光穿透湖面，又与水面波光互相映照，形成一光明通透的世界，所谓"水无蘸月之意，月无分照之心"（《五灯会元》卷十四），宇宙洁净如此，到此境界，一切言语纯是多余，所谓"言语道断"，故而引出下句：

悠然心会，妙处难与君说。

换片着重写主体之境：

应念岭表经年，孤光自照，肝胆皆冰雪。

"岭表"指五岭之南，作者曾在两广地区任职一年，"孤光"，或引苏轼"中秋谁与共孤光"，以为指月光，其实理解为内心之光明更佳，"肝胆皆冰雪"也是写身心通达，不染渣滓。庄子有所谓"澡雪精神"的说法，类似。此三句又与上片"表里俱澄澈"相呼应，写出光风霁月之襟怀。

短发萧骚襟袖冷，稳泛沧溟空阔。

写逍遥之态。虽头发稀少，衣着单薄，然两袖清风，一身正气，外形之萧条与内心之倔强形成强烈对比。"沧溟"大水貌，一作"沧浪"，则有"清斯濯缨濯斯濯足"之意，亦佳。任它水天空阔，我自逍遥泛舟乎其间。此两句乃前三句之引申，前写心，此写形，内外相比。

尽把西江，细斟北斗，万象为宾客。

此三句用典，《景德传灯录》卷八载，居士庞蕴参问马祖云："'不与万法为侣者是什么人？'祖云：'待汝一口吸尽西江水，即向汝道。'居士言下顿领玄旨。"《诗·小雅·大东》："维北有斗，不可以把酒浆。"又《楚辞·九歌·大东》："援北斗兮酌桂浆。"后二典将天上的北斗想象为酒器。"万象为宾客"将宇宙人化。此三句气魄宏大，想象奇特，又暗含"无边刹境，自他不隔于毫端"之义。

扣舷独啸，不知今夕何夕。前句遗世独立，飘飘然有凌云之气，后句寄托深远，上片已说"近中秋"，此处复言不知"今夕何夕"，实有禅宗气象，在禅宗看来，时间或许只是个虚幻的概念，所谓"十世古今，始终不离于当念"。禅宗有很多类似的说法："时无别体，依华而立。一念该摄，十世融通。所以如见花开，知是芳春；茂盛结果，知是朱夏。凋落为秋，收藏为冬，皆因于物而知四时也。"（《宗镜录》卷二十八）"和尚年多少？""秋来黄叶落，春到便开花。"（《五灯会元》卷十三）这里是对时间性的超越和省略，也即是对得失的超越。

这首词境界高迈，故王闿运读后云："飘飘有凌云之气，觉东坡《水调》犹有尘心。"（《湘绮楼词选》）

折桂令·中秋

元 张养浩

一轮飞镜谁磨？照彻乾坤，印透山河。玉露泠泠，洗秋空银汉无波，比常夜清光更多，尽无碍桂影婆娑。老子高歌，为问嫦娥，良夜恹恹，不醉如何？

张养浩字希孟，号云庄，山东济南人，元代著名的散曲大家。诗、文兼擅，而以散曲著称。代表作有《山坡羊·潼关怀古》《山坡羊·骊山怀古》《云庄休居自适小乐府》等。

这首散曲抒发的是中秋夜一醉方休的情致，起首一句，造语新奇，以"一轮飞镜"比月，产生一种破空而来的飞动之感。"谁磨"一问，有一种新月光辉初绽的画面美。"照彻乾坤，印透山河"直接写月光的明澈。天地人间，山川原野，都蒙其被，"彻""透"二字，强调月光的无处不入。"玉露"后面三句，写万里无云，银河无波，尤为空灵。"尽无碍桂影婆娑"，直接描写月中桂树婆娑的倩影。面对如此美景，作者不禁引吭高歌，并向月中的嫦娥发问：良夜当前，当举杯痛饮，一醉方休吧！

（二）中秋艺术作品欣赏

《中秋登海岱楼作诗帖》

米芾（宋）

纸本手卷

书法

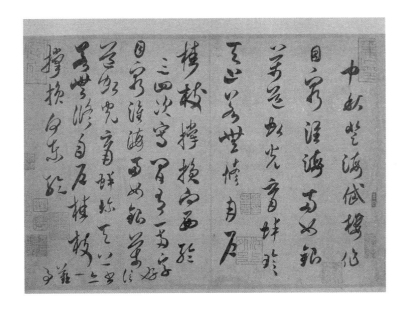

《中秋帖》

王献之（魏晋南北朝）

纸本手卷

书法

北京故宫博物院

《梧桐双兔图》

冷枚（清）

纸本设色

中国传统节俗文化的现代转化

五、菊花须插满头归

（一）重阳诗歌品读

行军九日思长安故园

唐 岑参

强欲登高去，无人送酒来。
遥怜故园菊，应傍战场开。

    岑参是唐代著名的边塞诗人，其诗以慷慨报国的英雄气概和不畏艰苦的乐观精神为基本特征，成就最高的是那些描绘边疆奇异风光的作品，"语奇体峻，意亦造奇"（殷璠《河岳英灵集》）。这首诗作于安史之乱期间，反映了作者伤世忧时的心情。此诗题为"思长安故园"，因作者虽是南阳人，但久居长安，故称长安为故园。

    古人在重九有登高饮菊酒的习俗，游子则可借此抒写怀抱。但此诗开头一个"强"字，劈空而来。将身逢战乱，无心登临的心情揭示无遗。第二句化用《宋书·陶潜传》中"王弘送酒醉渊明"的典故。陶渊明有一次过重阳节，找不到酒喝，就在宅边的菊花丛中怅然独坐。正好王弘送酒而来，遂醉饮而归。"无人送酒"点明行军征战的动荡生活。三、四两句借惜花以寓忧时之痛与思乡之情，反映出诗人对饱经战火的人民的同情和渴望国家早日安定的情怀。所谓"言在此而意在彼"，寄托遥深。

九日蓝田崔氏庄

唐 杜甫

老去悲秋强自宽，兴来今日尽君欢。
羞将短发还吹帽，笑倩旁人为正冠。
蓝水远从千涧落，玉山高并两峰寒。
明年此会知谁健？醉把茱萸仔细看。

"老去悲秋强自宽，兴来今日尽君欢"，"老去"停顿，为一层，"悲秋"停顿，为一层，"强自宽"又停顿，又为一层；"兴来"停顿，为一层，"今日"停顿，为一层，"尽君欢"又停顿，又为一层。诗意层层变化，转折翻腾。此诗首联就用对仗，读来宛转自如。

"羞将短发还吹帽，笑倩旁人为正冠。"人老了，怕帽一落，显露出他的萧萧短发，作者以此为"羞"，所以风吹帽子时，笑着请旁人帮他正一正。这里用"孟嘉落帽"的典故。王隐《晋书》："孟嘉为桓温参军，九日游龙山，风至，吹嘉帽落，温命孙盛为文嘲之。"杜甫曾授率府参军，此处以孟嘉自比，合乎身份。然而孟嘉落帽显出名士风流蕴藉之态，而杜甫此时心境不同，他怕落帽，反让人正冠，显出别是一番滋味。说是"笑倩"，实是强颜欢笑，骨子里透出一缕伤感、悲凉的意绪。这一联用典入化，传神地写出杜甫那几分醉态。宋代杨万里说："孟嘉以落帽为风流，此以不落帽为风流，翻尽古人公案，最为妙法。"（《诚斋诗话》）

"蓝水远从千涧落，玉山高并两峰寒"，按照一般写法，颈联多半是顺承前二联而下，那此诗就仍应写叹老悲秋。诗人却猛然推开一层，笔势陡起，以壮语唤起一篇精神。这两句描山绘水，气象峥嵘。蓝水远来，千涧奔泻，玉山高耸，两峰并峙。山高水险，令诗人只能仰视，让他感到振奋。用"蓝水"、"玉山"相对，色泽淡雅；用"远"、"高"拉出开阔的空间；用"落"、"寒"稍事点染，既标出深秋的时令，又令读者有高危萧瑟之感。诗句豪壮中带几分悲凉，雄杰挺峻，笔力拔山。

"明年此会知谁健？醉把茱萸仔细看"，当诗人抬头仰望秋山秋水，如此壮观，低头再一想，山水无恙，人事难料，他自己已这样衰老，不能生活得长久。所以他趁着几分醉意，手把着茱萸仔细端详："茱萸呀茱萸，明年此际，还有几人健在，佩带着你再来聚会呢？"上句一个问句，表现出诗人沉重的心情和深广的忧伤，含有无限悲天悯人之意。下句用一"醉"字，妙绝。若用"手把"，则嫌笨拙，而"醉"字却将全篇精神收拢，鲜明地刻画出诗人此时的情态：虽已醉眼蒙眬，却仍盯住手中茱萸细看，不置一言，却胜过万语千言。

这首诗跌宕腾挪，酣畅淋漓，前人评价说："字字亮，笔笔高。"（《读杜心解》）诗人满腹忧情，却以壮语写出，诗句显得慷慨旷放，凄楚悲凉。

（此篇赏析选自《唐诗鉴赏词典》徐永端文）

菊花

唐 元稹

秋丛绕舍似陶家，遍绕篱边日渐斜。
不是画中偏爱菊，此花开尽更无花。

元稹是中唐著名诗人，新乐府运动的积极倡导者。这首"菊花"诗，是他的咏物名作。

古来爱菊写菊者可谓众矣。但此诗妙处，全在立意高妙。前两句还只是平平写来。秋菊丛丛，绕屋而开，宛似身临"陶渊明故居"，诗人爱菊情痴，不觉日暮。三句笔锋忽顿，作为过渡。末句实为全诗之立足处，所以爱菊嗜菊，情有独钟，正在于此花有君子之风，晚开之节。一方面，菊花不与百卉争艳，独自凌寒开放，历尽风霜而后凋，有古君子之风；另一方面，此花开后，便无景可赏，譬如佳人君子，一去不返。故其惜花惜时之情，良有以也。

九日齐山登高

唐 杜牧

江涵秋影雁初飞，与客携壶上翠微。
尘世难逢开口笑，菊花须插满头归。
但将酩酊酬佳节，不用登临恨落晖。
古往今来只如此，牛山何必泪沾衣。

这首诗是杜牧在唐武宗会昌五年（845）任池州刺史时和诗人张祜九日登高时所作。

首联写景兼叙事。季秋九月，澄江如练，水天净肃，波涵雁影。诗人与朋友携酒登山，兴致甚佳。首句之动词"涵"字，使秋景秋色与秋江融为一体，用词极妙，可称"诗眼"。颔联承上之意，既然人生乐事难逢，快意无多，值此佳节，不妨借此黄花，畅怀一笑，庶几不辜负此良辰美景。但此联虽有行乐之意，而郁勃之意，实暗寓其中。颈联将行乐之意进一步深化。面对佳节美景，应该一醉方休，人生的种种不如意，诸如英雄迟暮、怀才不遇之类，不妨暂且放下。尾联借用齐景公故事，申足二、三联之意，点明主题。春秋时，齐景公曾游牛山，北望国都临淄而泣曰："若何滂滂去此而死乎？"人生有限，自古如此，又何必泣下沾襟呢？ 总体而言，此诗虽多旷达之语，仍未消抑郁之气，使诗歌具有一种内在张力。

菊

唐 郑谷

王孙莫把比蓬蒿，九日枝枝近鬓毛。
露湿秋香满池岸，由来不羡瓦松高。

郑谷，字守愚，晚唐诗人。其诗多写景咏物之作，风格清新。他很喜爱菊花，曾在多首诗中咏到菊花。

这是一首咏菊诗，"咏物，所以咏怀也"，此诗也是自抒怀抱之作。首句拔地而起，正告王孙公子，莫错把菊花当作蓬蒿。因为菊花具有不嫌贫贱，不择富贵的特点，在其开时，山野田间，屋角篱下，随处可见。不学无术者，也许会误以为野草。第二句写菊花品性高洁，有用于世，所以自古就有饮菊花酒，插菊花枝的习俗，而且菊花如剑，挺然独秀，君子佩之，以像其德，实不可以寻常之花目之，所以有"九日枝枝近鬓毛"之语。三句写景，状出菊花可爱之处。露湿黄花，莹润可爱，花香弥漫，散满寒塘。最后一句，作者将高墙上的瓦松与池边的菊花相对照（瓦松是一种寄生在高大建筑物瓦檐处的植物，它"高不盈尺，下才如寸"，借物自高，并无用处），从而歌颂了菊花不慕荣利，不羡高位，有补于时，有益于世的高尚品德。

此诗通篇不着一个菊字，却句句关联菊花，且处处绾合君子之风，实是咏物诗的佳作。

南歌子

南宋 吕本中

驿路侵晓月，溪桥渡晓霜。
短篱残菊一枝黄，正是乱山深处过重阳。
旅枕元无梦，寒更每自长。
只言江左好风光，不道中原归思转凄凉。

吕本中，南宋诗人。字居仁，世称东莱先生，寿州（今安徽寿县）人。绍兴进士，以忤秦桧罢官。其诗受江西诗派影响，南渡后写的作品，悲慨时事，较为沉痛。

这首词上片前二句写尽旅人客路之苦，三、四句紧承前两句，将愁况又加以渲染。透过篱笆依稀见到一枝将凋的菊花立于风中，因而想到将在乱山深处度过重阳，不禁悲从中来，黯然神伤。

过片两句，写旅途中心事重重，到了晚上夜不能寐，更感秋夜的漫长，"只言江左好风光，不道中原归思转凄凉"。江东风光虽好，却非家乡，中原已沦于金人之手、有家难归，旅途寂寞，词人对故乡的思念不禁更加强烈，故土沦丧所引起的沉痛情绪也更加深沉了。

醉花阴　九日

南宋 李清照

薄雾浓云愁永昼，瑞脑销金兽。佳节又重阳，玉枕纱厨，半夜凉初透。

东篱把酒黄昏后，有暗香盈袖。莫道不销魂，帘卷西风，人比黄花瘦。

李清照，号易安居士，济南人。南宋著名女词人。她的词以南渡为界，分为前后两期。前期词主要写少年、少妇生活，内容比较狭窄，风格清丽婉转。后期词主要写国破家亡后的凄惨心境，流露出故国之思和今昔之感，有较强的社会意义。风格沉哀凄苦。

本篇上阕写秋日情绪，从早至晚，孤寂无聊。下阕写重阳独酌，暗含相思怀人之意，一往情深。其中"莫道不消魂，帘卷西风，人比黄花瘦"三句，尤为人称道。三句妙处，在于取譬新颖，体物传神，抒情蕴藉委婉。以菊花之清瘦，状人物之憔悴；以西风之狂，写身心之苦。曲尽其情。

重阳

南宋 文天祥

万里飘零两鬓蓬，故乡秋色老梧桐。
鹰栖新月江湖满，燕别斜阳巷陌空。
落叶何心定流水，黄花无主更西风。
乾坤遗恨知多少，前日龙山如梦中。

文天祥，字履善，一字宋瑞，号文山。吉州庐陵（今江西吉安）人。宝祐进士，任南宋右宰相。元兵南下后，被俘不屈。著有名诗《过零丁洋》。此诗亦为诗人的名作。

诗前面二联写身世浮沉之感、江山易主之痛。三联写有心回天、却身后无主的悲凉。然虽国破家亡，万事已成旧恨，犹自傲霜凌寒、独立西风，是为四联。其不屈之精神，令人感奋。

寒菊

南宋 郑思肖

花开不并百花丛，独立疏篱趣未穷。
宁可枝头抱香死，何曾吹落北风中。。

郑思肖，字忆翁，号所南，自称三外野人，连江（今属福建）人。南宋末太学生。宋亡后，隐居苏州，坐卧不北向。善画兰、竹。此诗首二句点明寒菊高标独立，气节自芳的品格。后二句用的是象征手法。"抱香"喻指坚守民族气节，"北风"为双关语，暗指元蒙统治者。诗人以菊花自比，表达了忠于宋朝，矢志不渝的高尚情操。

（二）重阳艺术作品欣赏

《渊明爱菊图》

马琬（元）

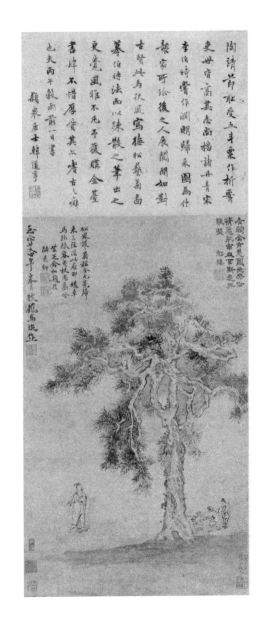

《归去来辞图卷》

钱选（元）

纸本手卷

中国传统节俗文化的现代转化

泉明归去
赋诗解官
傲吏钧谢
岂知千载
陷名偏籍甚
鱼图每写
之子寺

与时偕行　　197

《白头相见图》 丰子恺

杨柳鸣蜩绿暗，荷花落日红酣。三十六陂春水，白头相见江南。

子恺

《陶潜采菊》　范曾

结语：关于当代节俗重建及创造性转化

　　当下中国社会中，面临着传统节日习俗日渐衰微、内涵不清、功能失效、节味越来越淡的状况。反之，西方节日进入中国后，被越来越多年轻人接受。对此，我们究竟应该大力弘扬，重铸传统节日的辉煌，还是拿来主义地用洋节来替代传统节日，实现节日的心理和文化功能，甚至再创新节？一般而言，再创新节的可行性不大，洋节则功能较为单一，比如：情人节的主题是恋爱，主体是恋爱中的青年男女；圣诞节因和基督教有关，过节者多为受西方文化影响的人士。相比之下，中国传统节日往往是复合型节日，其功能呈现出多样性。例如中秋节就包含着团圆、平等的理想以及生命感与哲理诗意的内容。传统节日历史悠久，影响广泛，更加具有全民性。因此笔者认为，对传统节日功能进行重新开发，使之焕发新的生命力以适应新的社会形势，实现节日文化的创造性转化，将更为有效。在开始讨论这一问题之前，我们有必要回顾，中国传统节俗在当代为什么逐渐走向衰落。

一、从传统向现代转型中的节俗危机

　　传统节俗是中国农耕社会的产物，与农业社会的生产和生活相适应，一旦中国社会进入工业化的现代社会，节俗功能不再能满足人们的现实诉求、审美需要，或是与社会生活节奏不相符合，就会逐渐式微。中国社会从农耕时代到工业化时代，并不像西方一样是建立在原有文化基础上、由生产力发展而导致的自然而然的过程。在中国的社会转型中，充满了被迫和外来的压力，涉及到外来文化与本土文化的冲突、工业社会生产生活方式与农耕社会生产生活方式的冲突、现代理念与传统意识的冲突。

（一）现代生活模式对节俗的冲击

　　当代中国社会以"公历"为人们生活、生产的主要历法，传统的农历虽然依旧出现在日历当中，却已经退居二线之位，除了为民俗活动、为传统节日提供指南之外，许多年轻一代对农历的了解仅限于自己的农历生日，农历已很少为日常生活提供参考。相比于古代社会节俗依存于农历而存在，我们甚至可以说，当今农历是依存于节俗活动而存在。传统节日丧失了其在历法——时间体系中的实用功能。历法不只是为人们提供时间参考，而且也为人们提供行为参考，而节日则是利用特殊的行为在历法体系中具有重要意义的节点中完成生产活动和生活节奏的"换挡"。既然历法本身已经退居二线，那么节俗也就弱化了原有的功能，农历历法的失效意味着节俗之于生活的淡出，对于当下的大部分年轻人来说，节俗已经只剩下了节日，甚至只是一个加长版的周末休息日。

从现代社会家庭结构的改变来看，中国当代的家庭结构从传统的联合家庭转变为了核心家庭。纵向看，传统大家族包含了不同代的人，即所谓的四世同堂，横向上看，传统大家族则联合了兄弟之间各自的小家庭，典型的例子便是《红楼梦》中的宁国府与荣国府。发展到现代社会，大家族逐渐消失，由一夫一妻和未成年子女组成的核心家庭取代了传统的大家族，成为了社会的基本单位。[1]家庭结构变动对节俗活动产生的影响显而易见。原有以家族为单位的节俗仪式如今难以为继。即使这些小家庭之间依旧维持着很好的关系，甚至有着血缘关系，但是空间上的距离及由不同成长环境和教育背景带来的生活习惯及观念的差异，却使得家庭之间很难再组织起家族性质的节俗活动。在今天，我们已经很难见到《红楼梦》中那样由整个大家族共同组织的节俗活动了。此外，传统节俗的另一个目的是稳固大家庭秩序，这对于三口、四口之家为主的现代社会已经失去了意义。

相比于历法与家庭结构的改变，现代社会的生活模式是导致节俗衰落更为重要的原因。在传统社会中，人们处在一种较为松散的生活状态，跟随自然的运转规律生活、劳动。日常生活中的时间、空间不会被精确地计划和分割，反而节日仪式有将日常生活中的行为象征化、仪式化的特点。这种特点使得节日中的节奏要比日常生活更快一些。而在现代社会，人们的生活节奏像是精密的机器一样，容不得半点偏差，物质极大丰富的代价是身体与心灵的极度劳累。古代底层劳动人民的生活辛苦，农忙时日出而作，日落而息，但农闲时依然可以过得比较悠闲。许多现代人的生活则是清晨出门，半夜三更才能到家，一些企业里，"996"（即早上九点工作至晚上九点，每周单休的工作制度）甚至成为了标配，这还不算由于城市中商业区、住宅区分离导致的漫长劳累的通勤时间。在这种生活状态下，一个普通人一天的工作时间远高于农业社会。故而，让普通人有兴趣在节假日耗费时间、精力去参加节俗活动自然是难以实现了。可以说，都市中的时间将人们割裂成了碎片，节俗不能够再依靠集中性的时间转换区分两种不同的生活阶段。同时，在城市中，夜晚与白天的区别也逐渐变得模糊。虽然在唐宋时期，夜市已经出现，但对于多数人来说，只有在节日当中，才会出现不分昼夜的全天候生活，节日的夜生活带给了古人一种完全不同于日常昼夜两分的全新生活体验。而到了当代，人们在日常生活中的时间被拓展了，丰富的夜生活令过去只有节日中才有的夜游活动不再具有特殊意义，节俗在时间上的特殊性荡然无存。

网络时代的到来也促使了现代节俗功能的改变。传统节日习俗的一个重要功能是建构人与人之间的社会关系，稳定社会秩序，这就需要人们行动起来，在各类现实的交流中参与节俗活动。在当下，像许多社会活动一样，人们对礼俗的关注从现实空间转向了虚拟空间，从作为主体亲身参与转向了对象化的形式。从旁观看，并非是现代社会的节日中缺乏节俗，每逢节日，电视荧幕上、网络世界里便会充斥大量有关节日、节俗的信息。以微博为例，一到清明就会出现大量有关祭祖、出游的内容，占据热搜，然而，以信息的形式出现的节俗终究不是真正行动起来的节俗，它们很难对现实社会中人的行动产生直接的影响，人们并不会因为了解节俗而参与到节俗当中，节俗是需要通过行动来实践的。

---

1. 参见朱炳祥，崔应令编著：《人类学基础》，武汉大学出版社，2006年4月版，第29-45页。

（二）流量的海洋与被消费的节日

　　有人说，当下中国已经进入了流量时代。此话不假，流量不仅改变着我们的生活，也改变着我们的节日。流量时代的一个特征是，在信息传播过程中，信息自身所携带的符号意义被信息带来的效应所淹没，传播代替意义成为信息流动的目的。这种现象表现在艺术领域，就是演技水平低下、没有代表作品的"小鲜肉"替代艺术大家成为人们的关注焦点；在新闻领域，表现为大量没有实质内容的"标题党"替代了有意义、有深度的新闻，成为人们日常接触的主要信息。"流量"作为一种文化现象是与快节奏的社会生活相适应的。流量自身就可以带来点击率，点击率则直接意味着金钱。流量造成的后果有点类似于本雅明所提出的"震惊"效应，人们每天被大量新鲜、短暂的信息所包围，在接受到这些信息后，会产生一种瞬间的"震惊"效果。

　　从心理效果说，"震惊"对节俗的影响有两个方面。第一，在传统社会中，节日中快节奏的活动带给人们比日常更为深刻的"震惊"效果。而当代社会，日常的"震惊"已使人们的心灵麻木，节俗活动不能够造成更深的刺激，进而也不能对人们的心灵与行为产生作用。第二，传统节俗中的许多事物、活动相比于日常生活是少见的，一旦节日结束，这些短暂而美好的经历便会形成特殊的回忆。而在当代社会，由于物质的极大丰富，节俗中的事物不再拥有特殊的意义，故而人们丧失了对节日的特别印象。节俗的文化传播同样不能逃脱流量的影响。首先，流量时代使人们沉浸在虚拟世界之中，流量只可能是网络中的流量，传统节俗需要人们在现实世界中建立联系。然而，流量时代的到来让现实空间让位于网络空间。在节日中，即使人们相聚在同一个空间，流量却使这个现实空间变得缺乏意义，人们的关注重点是网络中的热点而非现实中真实存在的节俗活动，这便是当下一家人围坐于桌边一起玩手机的原因。每逢过节的时候，与节日相关的信息一定会成为微博、贴吧这样的公众平台，以及各类浏览器推送的重点。我们习惯性地浏览信息，机械性地阅读文字，对于这些信息我们只是以"知道了"的态度来面对，它们只能在我们的心中泛起一点波澜，却不能对心灵造成任何实质性影响。在这种情况下，尽管每逢节日网络空间热闹非凡，却并没有对人们造成较大的心灵影响与生活改变。

在前面的章节中我们曾提到，唐宋都市的节日中，消费已经成了一项重要内容，而现代节日消费活动与古代节日消费的最大差别在于，现代社会的节日消费是一种符号化消费。所谓符号化消费，即是说，消费群体购买商品的目的并非是因为其使用价值（这里的使用价值包括审美、娱乐在内），而是因为其符号价值。在唐宋时期，节日购买的商品如"铜镜""摩睺罗""春饼"皆是因为商品所具有的某种性质能够满足人们的需要，且许多商品与节日直接相关，购买该商品本身就是节日的习俗之一，也具有某种象征意味。以青团为例，清明时节购买青团，就象征着购买者已经参与了清明节的习俗。但是在当代社会，每逢节日，商家尤其是网络商家进行的促销活动，却常与节日毫不相干。同时消费者的购买行为也趋于盲目，在商家一次次的宣传之后，消费者形成了在节日"剁手"（即消费的网络用语）的"强迫性"机械消费行为。一方面，消费者只是利用节日这个"符号"进行消费，最典型的就是所谓的"双十一""双十二""六一八""七夕""中秋"的时候；另一方面，消费者也不会在乎购买的物品是否有用，吸引它们的是商品的代言人和折扣页面带来的视觉冲击、他人的分享等与商品自身属性无关的内容。以下图节日中网络游戏的促销打折为例，我们实在无法将游戏中虚拟的坦克与以祭祖为主要内容的清明节俗联系起来。

特惠商城清明有礼 特种坦克骤降

网络上一个典型的节日促销活动

　　总之，由于现代社会的种种变革致使传统节俗的生存土壤逐渐消失，传统礼俗中的许多内容也无法适应当下人的需求，节日不再具有特殊的意义，传统节日与节俗逐渐式微。

二、对当前节日重建活动的反思

近年来，虽然一些学者对节俗重建的呼吁屡有所闻，某些地方政府和民间机构也不乏举办节俗展演的实际行动，却始终难以让这些节俗真正成为民俗。笔者以为，重建活动收效甚微的主要原因在于以下几点：

（一）仪式中的个体情感关注不够

当代节俗的重建活动，由于受到客观条件的影响，多采用重建公共仪式的方式，这无可厚非。但在重建形式上不能忽略私人仪式的作用，忽略节日情感培养。因为节俗本身具有帮助个体，解决个体的问题之功能，因此在重建过程中，必须让私人仪式参与进来，或是让公共仪式与私人仪式结合。私人仪式的参与者主要由家庭或关系密切的个体构成，仪式突出个体自身的经验、感受，而较少与个体的社会角色相联系，仪式的目的在于帮助个体解决生活中出现的问题，或完成某种人生阶段的转换。生日、婚礼以及上文所提到的乞巧仪式都可以说是比较典型的私人仪式。相对的，公共仪式不仅参与人数更多，更重要的是，参与仪式的个体并非以独立主体的形式参与到仪式当中，而是要借助某种公共角色，例如：学生、公务员、士兵。典型的公共仪式有：升旗、宣誓、法庭审判等。公共仪式主要解决的是由众多社会角色构成的群体面临的问题。公共仪式与私人仪式之间并非完全泾渭分明，但多数情况还是可以按照这种差异分类。由于今人的节俗复兴主要采用的是重建公共仪式的形式，这就形成两方面的问题：第一，这些公共仪式较少是为了满足个体需求而设置，致使其在功能上不够全面；第二，这些公共仪式多为自上而下发起，并非人们自觉自愿的行为。当今社会，文化部门、教育部门、社会精英所开展的节俗复兴活动，多以行政命令的方式，借助学校、教育机构、企事业单位这样的公共部门为平台，进行一定强制的推广，最终很容易将节俗活动变成宣传活动，宣传的特点就是灌输理念。例如，某些学校的清明节活动，无非就是带着学生去烈士陵园，宣传爱国主义精神，这其实称为清明宣教更合适。所以节俗活动的重建必须将重点放在解决当代人群面临的心灵困境之上，如家园的丧失、灵魂的孤独、对疾病与死亡的恐惧、在机械化生活中自我价值的丧失等。重建节俗活动，就是要解决、缓和这些问题，赋予人类生活的意义。爱国主义精神需要宣传，但是假如能将宣传融于节俗之中，将宣传的主题和节日的情感结合起来，应该会收到事半功倍的效果。

当今时代，国家已经不需要通过公共节俗典礼来表明自己政治身份的合法性，节俗被需要较多是出于人类情感的需要。因此必须突出节俗活动中个体的地位。无论是审美能力的提升、思考能力的培养，还是重建人与人之间的关系，都需要基于一定的私人仪式。尽管国家意志很难直接介入私人仪式，但是以社区为平台，将公共仪式与私人仪式结合于同一场合还是可以实现的。

（二）各阶层合作需要加强

行政干预过多且缺乏合适模板。自古以来，虽然国家权力对人们的影响无处不在，从礼乐征伐，到民俗信仰，皆有国家权力的参与，但如前面章节所述，节俗重建活动却不是政府完全能够管控的，包括节俗在内的中国的礼俗文化形成是下层自觉与上层规定的结合，权力机关从统治意识出发，制礼作乐，并希望这种样本在下延过程中尽可能多地被接受而形成习俗。至于礼乐文化在下延过程中发生何种变异，被民间改造成何种模样，不是统治者们能够预测到的。用行政命令来搞节俗重建，或者社会精英的自娱自乐，效果都不会太好。此外，每个地区节俗重建面临的困难也各不相同，同一种节俗重建方案也未必适合所有地区，但若能由社会精英和基层地方组织合作，尊重民意进行实践，建立几种基本模型，便能起到一定作用。

（三）艺术引导作用有待加强

在重建节俗的过程中，一定要重视艺术的作用。首先，节日若要完成对日常生活的超越，要实现其平等、和谐的内涵，艺术是不可缺少的手段。日常生活规则对个体之间的岗位、阶层作出了划分，艺术则可以帮助打破日常生活中人与人之间在身份地位上的差别，起到"合同"的功用，帮助构建和谐社会关系。此外，与文化指令相比，艺术作品的意义不会在传播过程中受到削弱。不同阶层的群体在艺术活动中得到了相似的审美体验。其次，尽管个体之间的艺术鉴赏力不同，但每个正常的个体都有欣赏艺术的需求与能力，通过加强节俗活动的艺术性，可以提高个体参与节俗活动的自觉性。再次，在节日中开展艺术娱乐活动，是自古以来的传统与广大群众的基本需求，节俗活动中的节日体验与审美体验在关系上密不可分。综上，充分利用艺术审美活动的群众性和情感性，将文化建设融于艺术活动之中，是一种合理而有效的途径。当下社会传统节俗重建活动中，存在对于"乐"即艺术之作用重视不足的现象。不足首先表现在，节日中的艺术活动多以文艺汇演为主，形式单一，缺少互动性，难以达到个体间通过艺术交流、审美游戏构建和谐关系的目的。此外，当前节俗重建活动中的艺术活动只有少部分人能够亲身参与，无法达到节俗活动全民参与的要求，亦无法满足广大群众对于节日艺术活动的需求。重建传统节俗有待建立全民参与性质的节日艺术活动，有待在艺术形式上拓展创新。

三、节俗文化内涵与功能的重建

（一）创建传统节俗新文化之必要性

　　传统节日在今日社会的影响力正在逐渐减弱，这是一个不争的事实。对此，不少学者表示出忧虑。他们认为，传统文化浓缩了中华民族的文化因子，凝聚着中华民族的群体感情，体现着中国人的生存方式，传统节日的衰微无疑甚为可惜。但也有学者以为，传统节日的产生，有其社会历史背景，它们和农业社会的生存方式密切相关，随着社会的发展，生存方式的改变，传统节日逐渐淡出人们的生活是无可奈何却又自然而然的事。我们认为，节日从表面上看，无疑和一定的生活方式紧密相连，可以说是一种"生活相"，因而传统节日也似乎代表着传统的生活方式。但从较深广的层面而言，它其实是一种人类心灵的展现方式。节日虽与生活方式及生产方式有相关性，但更多的是一种心灵的需要。不管任何民族，也不管古人今人，都有着自己的节日，节日是情感的寄托，生命的调整。节日既是辛苦劳作后的短暂停顿，又为生命的再出发积蓄能量。所以，人们需要节日。这些年一些外来节日的流行，同样说明了这一点。从功能上说，节俗的本质是为了满足人们的需求、解决日常生活中面临的问题。自近代以来，中国社会发生了巨大变革，大到社会制度、社会结构、生产方式、历法体系，小到家庭结构、个体思维方式、行为模式，无一不在一百多年的时间里发生了巨大的变化。西方社会同样经历了大面积的转型，但是对西方人而言，超越于世俗的宗教较少受社会变革的影响而一直对其社会有着约束能力。而对于中国社会来说，基于儒家文化的礼俗活动本身就与世俗社会密切相关，儒家文化以封建专制的传统农业社会为基础，一旦社会出现大的转型，礼俗活动便不能像西方宗教一样保持原有的功效，社会便会再一次面临"礼崩乐坏"的状况。此外，在新的社会条件下，个体、社群、社会也将面临着新出现的问题，无论是西方的节俗活动还是中国的节俗活动，其共同目标都是帮助解决人们的困境，故而，今人需要像两千多年前孔子所做的那样，重建礼俗活动，借由新礼俗新节俗来帮助维持新的社会秩序，让社会、个体得到良好发展，消解或减少商业社会对人们的负面影响。

（二）节俗文化重建的目标

面对传统习俗、技艺的丢失，许多学者倡议，必须让这些事物原汁原味地保留下来。然而，无论是习俗还是技艺，其根本目的是服务于人，倘若时代变了，人的需求变了，还硬要让人们接受这些已经无法适应时代的事物，无疑是削足适履。传统文化的传承必须与现代人的生活相结合，对于一些无法适应当代社会的习俗，把他们留在博物馆中也未尝不可。传统节俗重建也是如此，必须要能服务于现代个体、社群、社会，这是中国一切节俗存在的直接要求，只有让节俗发挥功能，才能确保其存在的价值。在本土文化的保护、传承过程中，许多中国学者，尤其是接受了西方人类学、民俗学以及非物质文化遗产保护观念的学者，过度看重"原生"的观念，强调保护与传承一定要原汁原味的。西方人类学家之所以有此观念，其实源于对"文化进化论"和"西方文明中心论"的反思，这种反思的出发点还是西方，他们站在自己的角度，认为所观察的文化"他者"可以为西方文明提供未受到污染的、可参考的发展模式。在一些学者描述中，似乎外来文化的进入就是对这些原生文明的入侵。这些学者以过于乐观的态度将自己的理想加之于这些文明之上，认为这些非西方文明是与自然和谐的，他们的生命观不惧怕死亡，他们的社会是自给自足不需要发展的。在其表达中，这些非西方文明似乎已经成了几乎完美的"乌托邦"。但在笔者看来，这同样是一种偏见，只不过这次的偏见不再是歧视，而是过份理想化。中国的一些学者在学习西方人类学家的研究方法、研究著作时，也将这种观念移植过来。在这些学者的观念里，对于戏曲传承，一定要原汁原味不能改变的；对于手工业技术，也一定要保留传统方式，不能有先进技术介入。对于我国的民俗、节俗活动，他们同样也要求按照原有的形态保护、传承下去。然而，这样的传承既不可能，也无必要。

正确的态度是，我们既不能任由中国的传统节俗消失，也必须对节庆形式有所改变，同时增加新的内涵，以适应今日的社会生活和民众心态。现在快节奏的生活方式虽然改变了人的心态，科学文化的普及大大拓宽了人的眼界，但是民俗心理的改变却并不容易。团圆、和谐、长生、慎终追远，是所有时代中国人共通的心理需求，节俗的成形也是这种集体无意识的反映。因此今天传统节日仍有存在和发展的必要，我们应当让节俗活动符合当代社会发展的节奏，通过意义与形式的重塑，使传统节俗经过转型后为当代人服务。

笔者认为中国传统节俗的重建应该确立三个目标：

第一个目标是，让生活出现不同的节奏。传统节俗活动是通过行动的快进来帮助生活模式在短时间内完成转向，而当代生活本身就是以极快节奏在运转，工业时代也不需要像农耕时代那样利用节俗帮助完成生活模式的转向。节俗活动此时就需要放慢速度，以慢于日常生活中的节奏来让人们感知被快节奏的生活所蒙蔽的事物，我们需要通过节日放慢生活的脚步，让自我的价值、心中的情感、生活的诗意重新浮现出来。

第二个目标是，让人们重新拥有审美的境界。在当代，许多年轻人的节日活动不是在家躺着一觉睡到下午，便是在家刷手机、打游戏，即使是出游，也多以逛街购物为主，这样的节日生活是缺乏诗意的。节俗不能只是像周末一样是工作的暂停、肉体的休息。而是通过节俗活动，让个体有机会进入超日常的状态，从世俗生活中解脱出来，以审美的境界对抗现代社会对人的异化。正如前文所说的，中国的传统节俗不缺乏诗意，问题是怎样去感受诗意。虽然当代节俗的功能发生了改变，但是诗意的生活却仍需要继承下来。

第三个目标是，让人与人、人与社会之间建立更为和谐的关系。现代社会的特征是人与人之间、人与社会之间呈现着紧张的关系，这种关系不是一个和谐的境界。面对人的异化，一些西方学者给出了悲观的看法，甚至对现代社会采用消极抵抗的态度，以个体行为的僭越对抗现代文明的整体秩序。当代中国社会也面临着人的异化问题，而这种消极抵抗的方式，恐怕弊大于利，中国本就是建立在秩序上的社会，历史的经验证明，一旦旧的社会体系被打破，等待我们的往往是无序和动荡。节日的作用，本就是对生活节奏、生活模式的调节，故而，我们要努力通过节俗活动来减少现代文明对人的异化，使人与人、人与社会之间建立更为和谐的关系。

综上，节俗重建之关键在于，让节日服务于个体和社会。虽然现代社会的快节奏趋势短期难以逆转，节俗活动却可以通过放慢节奏，让人在特定的时空中恢复人的感受能力、审美能力，感知人生固有的美好。

（三）节俗重建与诗性文化复兴

中国传统节日是充满诗性的文化。诗性文化包括了诗歌创作、欣赏与审美的生活方式两方面内容。古代社会，在清明、端午、七夕、中秋、重阳、冬至这些节日中，文人墨客们都会举办各类诗歌创作欣赏的雅集和郊游等其他审美活动。在今日节俗重建中，我们可以延续这一传统，充分开展诗歌创作与审美活动，将这一理念和实践推广到社区、校园、企业，营造诗性文化。一般而言，诗性文化复兴的困难首先在于恢复诗意的生活方式，古代诗人不像今天的白领、程序员们一样存在疲于奔命的问题，所以才能够在节假日有精力游山玩水。而且古代社会的城市通常较小，古人出城即见山水，随处花草树木，触目皆是生机。而现代城市大而广，居民的生活空间被楼房、道路所遮蔽，生活在一个缺乏自然、没有诗意的世界，想要恢复审美的心态，自然十分困难。基于此，就需要充分发挥艺术的作用，让人们能够在节日期间通过参与各类文艺活动来恢复诗意的生活。

除了诗歌之外，在节俗重建中，笔者十分看重戏剧这一艺术形式。戏剧活动既包含了非实用性的审美功能，也包含了实用性的社会功能。戏剧之于节俗重建的意义首先在于，以审美代替宣传，以主动参与代替被动接受。传统节俗中包含着大量的神话故事，如牛郎织女的故事、屈原的故事、介子推的故事，在这些神话故事中体现着中国人的文化精神。将节日文化中的这些故事改编为剧本，让参与者亲自演出，自己变成屈原、介子推、牛郎、织女等，便可以达到审美与感受传统文化精神的双重目的，这种艺术形式肯定比听空洞的宣传或是事迹报告要有效。节俗活动本身就带有较强的表演性，无论是原始的祭祀仪式，理性兴起后的国家典礼，还是民俗活动中的民间艺术，无不带有表演的属性。参与者们扮演了一种与平日里不同的身份角色，演习着与日常生活有差异的行为。从表演的角度来看，传统节俗中的表演可以分为带有美学性质的表演和社交性质的表演两种。前者不仅包括"赛龙舟"，也包括拜月活动、乞巧活动等。而社交性质的表演则指人们在礼俗活动中，以更为"礼貌"的姿态来与他人交流，如春节拜年、重阳敬老等。传统节俗活动虽然看起来是自然而然形成的，没有导演、制作人、编剧的介入，但在节俗形成过程中，《四月民令》这样的官方手册为节俗活动提供了剧本大纲，而在每年的演出过程中，长辈、德高望重的族人，则相当于导演，为人们的行为提供指导。因此，节俗活动可看作一场与真实生活相勾连的戏剧演出，当然在节俗的重建活动中，我们自然需要新的戏剧剧本、新的戏剧理论以及新的戏剧导演。

　　借助戏剧来帮助参与节俗活动的个体、社群提升能力，解决问题，也是值得推介的。国内外，已经有利用心理剧、论坛剧这些应用戏剧的手段来帮助在校学生、监狱犯人、医院病人解决问题的成功先例。应用戏剧是服务于个体、社群、社会的非艺术性戏剧，它以戏剧的形式帮助解决生活中存在的问题。其中"论坛戏剧"是一种较为成熟且适合节俗重建的应用戏剧类型。它将生活中出现的问题设置为戏剧情景，在"现实"的表演风格基础上，通过尖锐的矛盾、争议性的角色行动激发起观看者的情绪，观看者可以随时替代剧中的角色，以自己的行动与选择代替演员的行为，而台上其他的演员则作出对应调整，与之回应、配合，尽力让其陷入两难之中，在不断的模拟问题中，让观众变成真正的参与者，从不同角度对这些问题作出思考，进而帮助问题的解决。这样，参与者不仅有了真实的体验，而且也有了对问题的思考，个体的能动性得到了充分的发挥。当代社会中存在的邻里关系问题、家庭关系问题、职场关系问题、疾病与死亡问题等皆可成为节俗应用戏剧帮助解决的对象。总之，节俗重建中的戏剧活动，应当结合艺术教育与应用戏剧的特征，达到审美的生活方式和帮助人们解决问题两方面的目的。节俗戏剧，无论是一般戏剧还是应用戏剧，无需追求专业，重要的是让人们参与到创作、演出中来，只有亲身体验之后，才能产生审美体验与思考，引发实际的效用。

（四）网络时代的节俗重建与创新

网络是现实空间的拓展，是当下人们生活的重要内容，当下网络世界处于所谓的流量时代。网络中充斥了大量转瞬即逝的热点，这些热点会不断地吸引人们的注意力，制造流量，流量已经超越了信息本身成为网络传播的核心。只要控制了流量的流向，便可以通过热点效应引起人们的注意力。当今节俗重建，必须适应网络时代的特点，关注流量，线下的节俗活动要与线上的节俗活动相结合。这里的重点和难点是网络节俗建设必须保有较持久深刻的影响力，不能像其他信息那样仅仅将参与者"震惊"一下。前几年网络上风靡一时的为了渐冻症患者而发起的"冰桶挑战"，虽然在最初起到了让大众认识渐冻症，为渐冻症患者筹款的目的，但是很快演变成了一种跟风模仿活动，不出三个月，便在网络上难觅踪迹了。好在节俗活动每年都会重复出现，在网络上每年制造几次热点并非难事，但是在这个流量时代，让大家在"震惊"之余形成深刻印象，受到感动，还是需要学者在线下加强对节俗的内涵与功能研究，这样才能提升网络节俗活动的深度。在流量之外造成长久的文化影响力，也需要文化研究者、节俗专家以及相关政府部门的共同努力。

在网络中重建节俗，还可一定程度帮助网络治理，以规范当下流量时代带来的种种负面效应，以达到服务大众的目的。目前国家虽然对网络立法管理，网络也早已实行了实名制，可是网络乱象依旧层出不穷，套用现实生活中的理论，就在于网络社会没有一套习俗对于人们的行为加以约束。我们可以利用节俗功能来尝试建设网络礼仪，通过虚拟的仪式活动以收建立、维护网络秩序之效果。节俗具有社会治理、秩序建构的功能，属于公序良俗之一种，可与行政法律互为补充。当前的网络社会像是对现实社会的"僭越"，在网络上，许多日常生活中的关系秩序遭到破坏。从原理上说，建设网络节俗就必须要使其具有规范的秩序，节日停"杠"、节日互夸这些异于平日网络特征的活动都可以放入网络节俗建设之中。我们大可不必担心这些活动与原有节日的意义相脱节，节日本来就是要为人而服务的，加入一些既能够让节日延续下去，又能够解决个体、社会问题的活动何乐而不为呢？当然网络上的节俗重建也可保持一定"僭越"性，网络为人们提供了"僭越"于现实生活等级秩序的平等观念，而平等正是中国传统社会比较缺乏的理念。在"僭越"中，人们不再使用日常生活中的固定角色来束缚自己，也不必像日常生活中带着面具去面对他人，也有望突破平日社会的官本位体系，从而更加能显示本真的自己。在节日的"僭越"中，人与人之间以平等的关系相互交流、共同参与节俗活动。无论是网络上的节日重建，还是现实生活中的节日重建，都可以通过有节制的"僭越"，引导人们在节日当中突破日常生活中的桎梏，以更本真的方式生活。

西方节日、传统节日、重建后的节日内涵功能对比表

	西方节日	中国传统节日	重建后的节日
与日常生活的关系	僭越日常生活的秩序	调节缓和日常生活中的秩序	同2强化日常生活中的情感联系
对参与者的影响	宣泄情绪、净化灵魂	维持理性的基础上超越日常生活	同2进入审美状态，通过情感的方式超越日常生活
采用的仪式手段	狂欢仪式、宗教仪式	世俗性质的私人仪式、公共典礼	以戏剧诗歌音乐手段重建的礼俗仪式

中国传统节俗文化的现代转化

最后，节俗重建活动虽然要让重建后的节俗各有特色，但不必过分强调不同节俗之间的差异性，中国传统节俗原就存在功能上的交叉，而与节俗相关的一些关键性的范畴在同一周期内有规律地反复出现也是中国传统文化的重要特色。节俗重建活动也不能将不同的节俗孤立起来赋予其意义，应当以几个重要的范畴将不同的节俗活动贯穿起来，这几个范畴是"生命意识""诗意""和合""敬业精神""平等意识""敬老感恩"，不同节俗突出的是同一范畴的不同侧面。下图以"人生核心精神"为例，对此略作说明：

	清明	端午	七夕	中秋	重阳
与日常生活的关系	理解由生至死之生命过程，培养报本反始的情感	从斗争到和谐，个体发展与成长，合法有序竞争	培养正确的婚姻观念，掌握谋生之技，提倡工匠精神	正确的家庭观念，大团圆的心理，平等和谐的理念	诗意晚晴，尊老敬老，提升自我

附录 节日民俗活动历史纪要

清明节的传统内容

（一）冷食

早在唐代之前，社会上普遍流行着寒食节。寒食节一般从清明前一二日开始，要经历好几天时间方告结束。《河曲县志》（清同治十一年刻本）："清明前一日，寒食，备酒肴上坟扫墓，焚纸钱。祭毕，食于墦间。"出自寒食节的禁火冷食习俗，曾屡次为人所禁改，比如东汉时任并州刺史的周举和曹操，都曾下令加以约束。但是禁而不止，这一习俗直到唐代仍然盛行。当时诗人留下了不少吟咏寒食的节令诗，如元稹《连昌宫词》云："初过寒食一百六，店舍无烟宫舍绿。"沈佺期《岭表寒食》云："岭外逢寒食，春来不见饧。洛阳新甲子，明日是清明。"最著名的，肯定是韩翃的《寒食》："春城无处不飞花，寒食东风御柳斜。日暮汉宫传蜡烛，轻烟散入五侯家。"当时该节的饮食主要是大麦粥，当天还以面粉、枣泥制成饼，称子推饼，捏成燕子形，以柳条吊在门口，作为怀念的象征。

唐代以降，寒食地位式微，但是节令食俗一项仍以若干变型的方式传承于民间。如清顾禄《清嘉录》云："市上卖青匦团云熟藕，为居人清明祀先之品……今俗用青团红藕，皆可冷食，犹循禁火遗风。"清代两浙地区在清明节冷食青团红藕，即是寒食食俗的变型遗存。所谓"青团"，道家称之为"青精饭"或"青精干石饭"。其制作方法是以南烛枝叶捣汁浸米，蒸出的饭呈青色，道家认为吃了这种饭可以"资阳气"、益颜延寿。

直到今天，江南许多地方在清明节仍然要吃融合了苏沪风味的"青团"——用雀麦草汁与糯米粉揉合而成，内裹豆沙，表面呈青碧色，冷食。可见这一习俗并未完全消失。

（二）扫墓祭祖

清明节又叫鬼节、冥节，最突出的习俗就是扫墓祭祖。古代对祖先的祭祀从上到下频度不等，一般来说，地位越高，祭祖越频。《国语·楚语下》云："古者先王日祭月享，时类岁祀。诸侯舍日，大夫舍月，士、庶入舍时"，就是指这种情况。

祭祖就场所而言，主要有两种形式：一种是在宗庙或者家中。另一种在坟墓之前。《礼记·王制》载："天子七庙，三昭三穆，与大祖之庙而七。诸侯五庙，二昭二穆，与大祖之庙而五。大夫三庙，一昭一穆，与大祖之庙而三。士一庙。庶人祭于寝。"这是说士以上的阶层在宗庙祭祀，而百姓们在家里祭祀。

墓祭主要有两项活动：一是为死者烧香、上供，其中必烧纸。这种纸是特制的，又称光明钱、往生钱，是送给鬼或死人的钱，以便死者在冥世间使用。其实，最初献给死者的是生活所需的实物，货币流行后才给死者献钱币。汉代用冥钱或瘗，唐代改为纸钱，《旧唐书·王屿传》载："汉以来，葬者皆有瘗钱，后俚俗稍以纸剪钱为鬼事。"所以烧钱是较晚才出现的。唐封演《封氏闻见记》卷六《纸钱》云："今纸钱则皆烧之。"由于清明之前要求禁火，清明那天才可升火，所以人们逐渐选择在清明上坟，以便焚烧纸钱。除焚纸钱外，还流行一种压钱，即把纸钱压在坟堆的四角、坟顶。另一项活动是为坟堆填土，或者修坟立碑。民间信仰认为，坟地是死者的世界，他们在那里进行生产劳动，衣食住行，无一不有，而墓穴就是死者的房屋，坟堆则是房顶。由于经年雨水冲刷，人畜损坏，坟堆往往倒塌，所以要除草、填土，防止雨水流入。在这些活动中，人们"饮水思源，慎终追远"，景象就如宋高菊清《清明》诗云："南北山头多墓田，清明祭扫各纷然。纸灰飞作白蝴蝶，泪血染成红杜鹃。"

　　明代刘侗等《帝京景物略》对此的记载更加具体生动："三月清明日，男女扫墓，担提尊盍，轿马后挂楮锭，粲粲然满道也。拜者、酹者、哭者、为墓除草添土者，焚楮锭次，以纸钱置坟头。望中无纸钱，则孤坟矣。哭罢，不归也，趋芳树，择园圃，列坐尽醉。"这样悲伤的气氛一直笼罩在历朝的清明扫墓中，诗人的相关描绘以白居易的两首诗较为著名，其中一首《寒食野望吟》较为人所知："乌啼鹊噪昏乔木，清明寒食谁家哭？风吹旷野纸钱飞，古墓累累春草绿。棠梨花映白杨树，尽是生死离别处。冥寞重泉哭不闻，萧萧暮雨人归去。"另一首《清明日登老君阁望洛城赠韩道士》诗云："风光烟火清明日，歌哭悲欢城市间。何事不随东洛水？谁家又葬北邙山？中桥车马长无已，下渡舟航亦不闲。冢墓累累人扰扰，辽东怅望鹤飞还。最后两句突出了人们上坟的悲哀情绪。而最为人熟知的清明诗，当然是对悲伤作了诗意升华的杜牧《清明》："清明时节雨纷纷，路上行人欲断魂。借问酒家何处有？牧童遥指杏花村。"

　　后世清明扫墓，先后十日之内都是可以的。《兴化县志》："清明佩柳祀先，先后十日扫墓。"《永丰县志》："清明扫墓以前三后七为期。"

　　其实，除了祭祖和扫墓外，人们对野鬼孤魂尤为畏惧。因而在扫墓之际，也分出一部分食品、酒和纸钱，给孤魂一定的安慰，防止他们抢夺祖先的供品，也防止孤魂干扰活人的生活。所谓放河灯，就是祭野鬼孤魂的形式之一。此外，本来供祭祖用的食品，有的也同时成为群众的节日饮食。比如浙江临安地区的"清明狗"，有几个人制作几只，挂起来直至立夏，烧在饭中一人吃一只，当地传说："吃了清明狗，一年健到头。"清明节另一重要食品是春饼，又名薄饼，圆而薄，内包以猪肉、鸡蛋、鱼肉、猪肝、豆芽等馅。如今春饼不仅是清明节的食品，也登上了平日的餐桌。

（三）郊游、踏青、插柳

清明节是沟通死生、阴阳的一个平台，与扫墓祭祖的悲伤同时，伴随着郊游踏青的欢乐。人们除了要祭奠亡人，以通阴间，同时也需迎春活动，以顺阳气。因此，清明游春与祭墓本是一枚硬币的两面，离则两伤，合则俱美。

唐人张说《清明日诏宴宁王山池赋得飞字》诗曰："今日清明宴，佳景惜芳菲。摇杨花杂下，娇啭莺乱飞。绿渚传歌榜，红桥度舞旂。"清明行家宴并游春的欢快场面由此显现。杜甫《清明》又说"著处繁华矜是日，长沙千人万人出。渡头翠柳艳明眉，争道朱蹄骄齿膝"，更是将清明这天繁花争艳，城中男女纷纷郊游的宏大场景呈现在读者面前。而王维《寒食城东即事》则以其细腻的笔触将寒食、清明踏青游春的全景铺排开来："清溪一道穿桃李，演漾绿蒲涵白芷。溪上人家凡几家，落花半落东流水。蹴踘屡过飞鸟上，秋千竞出垂杨里。少年分日作遨游，不用清明兼上巳。"

寒食、清明的扫墓祭祖与上巳节的踏青游乐越来越融合在一起，反映了因时就便、阴阳协和的民俗需要。但从维系伦理纲常秩序的角度看，扫墓拌以踏青游乐，毕竟对于肃穆端庄的祭祖文化是个潜在的破坏。于是，唐代皇帝曾多次下诏予以禁止或限制。龙朔二年（公元622年），唐高宗对于民间习以为常的丧葬同时饮酒作乐的习俗，明令加以禁止："亦有送葬之时，共为欢饮，递相酬劝，酣醉始归；或寒食上墓，复为欢乐，坐对松槚，曾无戚容。既玷风猷，并宜禁断。"唐玄宗于开元二十年（公元732年）颁布的敕令中规定寒食上墓时必须保持庄严气氛："礼于茔南门外，奠祭馔讫，泣辞。食余馔任于他处。不得作乐。"但是，清明祭扫时伴以游乐已成一项重要民俗，并非随意禁止得了的。

　　到宋代，清明踏青游春更是风靡一时。如宋人孟元老在其《东京梦华录》所述："清明节……凡新坟皆用此日拜扫，都城人出郊，士庶阗塞，四野如市。往往就芳树之下或园囿之间，罗列杯盘，互相劝酬。都城之歌儿舞女，遍满园亭，抵暮而归。"此为北宋都城汴梁（今开封）的"清明醉春图"。广为人知的张择端《清明上河图》，描绘的也是这一时期汴梁清明集市的盛景。宋人南渡后，江山局促，但清明踏青游春风头更劲。如时人吴自牧在其《梦粱录》中写道："寒食第三日即清明节……官员士庶俱出郊省坟，以尽思时之敬，车马往来繁盛，填塞都门。宴于郊者，则就名园芳圃、奇华异木之处；宴于湖者，则彩舟画舫欸撑驾，随处行乐。此日，又有龙舟可观，都人不论贫富，倾城而出，笙歌鼎沸，鼓吹喧天，虽东京金明池未必如此之佳。"此为南宋都城临安（今杭州）的"清明醉春图"。宋诗中此种意象更是比比皆是。如程颢《郊行即事》："芳原绿野恣行时，春入遥山碧四围。兴逐乱红穿柳巷，困临流水坐苔矶。莫辞盏酒十分劝，只恐风花一片飞。况是清明好天气，不妨游衍莫忘归。"文彦博《清明后同秦师端明会饮于李氏园池偶作》："洛浦林塘春暮时，暂同游赏莫相违。

风光不要人传语，一任花前尽醉归。"吴惟信《苏堤清明即事》："梨花风起正清明，游子寻春半出城。日暮笙歌收拾去，万株杨柳属流莺。"随着游春在清明习俗中的日常化，人们在扫墓时的不尽哀情时常会被一种惜春正命的积极心情所取代，如元人刘因《寒食道中》诗云："簪花楚楚归宁女，荷锸纷纷上冢人。万古人心生意在，又随桃李一番新。"

在踏青赏玩的过程中，古时很多地方流行在踏青时用的车、轿上插挂柳枝，同时插柳的还有门窗、房檐、妇女的发髻和小孩的衣襟上。另外，也有的地方以柳树做成球具为戏，或把柳芽掺入面食内，摊饼食之。唐代以前关于插柳的记载较少，宋代之后越来越多，直至明清。南宋孟元老《东京梦华录》卷七《清明节》："清明节，寻常京师以冬至后一百五日为大寒食，前一日谓之炊熟，用面造枣锢飞燕，柳条串之，插于门楣，谓之子推燕。"南宋周密《乾淳岁时记》（宛委山堂本《说郛》卷六十九）："清明前三日为寒食节，城都人家皆插柳满檐，虽小坊幽曲，亦青青可爱。大家则加枣锢于柳上。"《新河县志》："清明日男女皆插柳枝，各祭先茔。"《德安府志》："清明采柳枝供家神，亦或插于鬓，俱醮先茔，盈月方止。"清人杨韫华的《山塘棹歌》就描绘了当时少女清明插柳的动人景象："清明一霎又今朝，听得沿街卖柳条。相约比邻诸姊妹，一枝斜插绿云翘。"

民间有"清明不戴柳，红颜成皓首""清明不戴柳，死在黄巢手"等说法，可见插柳的重要性。《岁时广记》卷十五《插柳枝》条引宋吕原明《岁时杂记》："今人寒食节，家家折柳插门上，唯江淮之间尤盛，无一家不插者。"一般认为，这样做是为了避邪，柳树拥有旺盛的生命力和强大的繁殖力，在清明节这样的日子能防止人们受到鬼魂的侵扰。正如《韩非子·说林上》中所说的，"横树之即生，倒树之即生，折而树之又生"（又见《战国策·魏策二》）。柳的另一特点是发芽返青的时间要比一般树木早。曹丕《柳赋》中赞柳说："彼庶卉之未动，固肇萌而先辰。"杜甫也有"漏泄春光有柳条"（《腊日》）的诗句。这一先万木而动的特点，使柳成了春的使者，将勃勃生机带到人间。

（四）荡秋千、放风筝、斗禽等游戏活动

除了扫墓祭祖和郊游踏青两个相反相成的主要活动，清明节其他的游戏娱乐活动真可谓是丰富多彩，其中包括荡秋千、放风筝、斗禽、拔河、蹴鞠、马球、击壤，等等，较普遍的有以下几种：

荡秋千。秋千是在木架上悬挂两绳，下拴横板而成。人们坐或站在板上，前后摇动，此外还有转秋、磨秋等形式。秋千起源于北方，隋炀帝《古今艺术图》云："秋千，北方山戎之戏。以习轻趫者。齐桓公伐山戎，流传入中国。"南北朝时期已传到江南。刘向《别录》云："春时悬长绳于高木，士女衣彩服坐于其上，而推引之，名曰打秋千。"这种秋千活动，传遍大江南北，除汉族外，在朝鲜族和中国西南少数民族中都较流行，而且越玩越大，出现有地方特色的转秋、磨秋等。

放风筝。清明前后，春风正盛，是放风筝的季节，因此清明多放风筝。风筝的起源与放邪有关，最初是一种巫术。尤其是在福建惠安地区扫墓时，大人带小孩，小孩在山间放鸢，认为此举有放邪之效，孩童会健康成长。《清嘉录》卷三载："纸鸢，俗称'鹞子'，春晴竞放，川原远近，摇曳百线。晚或系灯于线之腰，连三接五曰'鹞等'。又以竹芦沾簧、缚鹞子之背，因风播响，曰'鹞鞭'。清明后，东风谢令，乃止，谓之'放断鹞'。"可见放断鹞也来源于巫术。但是后来的风筝已失去巫术特色，变成一种老少皆宜的娱乐方式，曹雪芹就是一位扎风筝的高手。各地也有不少风筝会，风筝成为一种民间艺术的精品。

斗禽。斗禽指斗鸡、斗鸭、斗鹌鹑等游戏。斗鸡就是让两鸡相斗，战国时期已相当流行，《战国策·齐策》记载，临淄人善"斗鸡走犬"。斗鸡之所以选在清明前后，跟鸡的生活规律有关。在农历十一月到四月初，野鸡不分公母，都群居在树上。四月至六月为野鸡的交尾期，群居生活解体，形成一对公母鸡的单偶生活。此时同性相斥，异性相吸，人们就利用野鸡的这种生活习俗，捕捉之，专门以其引诱其他野鸡来斗。后来还发明了以饲禽诱捕野禽的方法，如养鸡媒捕野鸡、养鹌鹑捕野鹌鹑等。以后又在此基础上，发展出斗鸡、斗鸭、斗鸟、斗牛、斗马、斗孔雀等。

端午节的传统内容

（一）采药、沐兰汤、饮雄黄酒等生活习俗

采药是端午节早期最重要的习俗活动，也是最古老的端午节习俗之一。《荆楚岁时记》说："采艾以为人，悬门户上，以禳毒气。"旧时，民间多在端午节清晨即起，采集各种草药。"宗则字文度，常以五月五日鸡未鸣时采艾，见似人处，揽而取之，用灸有验"。民众认为，这一天所采的草药疗效尤佳。仲夏时节，药草已臻成熟，相当于人之中年，药力最盛。古代药典记载，仲夏五月所采的艾草，用于针灸，疗效最为显著。

洗药澡、饮药酒也是端午一项重要的习俗。《楚辞》曰："浴兰汤兮沐芳华。"今谓之浴兰节，又谓之端午。可见当时以兰草沐浴在五月五日是极为重要的民间生活习俗。晋代曾把五月五日称为"浴兰节"。《大戴礼记》云："五月五日，蓄兰为沐浴。"不过当时的兰不是现在

的兰花，而是菊科的佩兰，有香气，可煎水沐浴。端午兰汤沐浴的习俗自其产生后一直存在着，唐韩鄂《岁华纪丽》云："端午，角黍之秋，浴兰之月。"不过后来沐浴形式得以保存，内容就不一定是"兰"了，《五杂俎》记明代人因为"兰汤不可得，则以午时取五色草拂而浴之"。后来一般是煎蒲、艾等香草洗澡。此俗至今尚存，尤其在江浙、湖广地区。在广东，则用艾、蒲、凤仙、白玉兰等花草；在湖南、广西等地，则用柏叶、大风根、艾、蒲、桃叶等煮成药水洗浴。人们普遍认为用药草沐浴可以除病趋瘟，从科学角度看，有卫生保健之效。

端午饮药酒主要是饮蒲酒、雄黄酒、朱砂酒，以酒洒喷。菖蒲是一种多年生草本植物，生在水边，地下有淡红色根茎，叶子形状像剑，肉穗花序。根茎可做香料，也可入药。《荆楚岁时记》中记载："以菖蒲或镂或屑，以冷酒。"蒲酒味芳香，有爽口之感，后来又在酒中加入雄黄、朱砂等。明谢肇淛《五杂俎》云："饮菖蒲酒也……而又以雄黄入酒饮之。"明冯应京《月令广义》中载：

"五日用朱砂酒，辟邪解毒，用酒染额胸手足心，无会虺蛇之患。又以酒墙壁门窗，以避毒虫。"

《清嘉录》卷五中亦载：

"研雄黄末，屑蒲根，和酒以饮，谓之雄黄酒。又以余酒染小儿额及手足心，随洒墙壁间，以去毒虫。"

这一习俗也流传至今，如广西，逢端午时便有一包包的药料出售，包括雄黄、朱末、柏子、桃仁、蒲片、艾叶等，人们浸入酒后再用菖蒲艾蓬蘸洒墙壁角落、门窗、床下等，再用酒涂小儿耳鼻、肚脐，以驱毒虫，求小儿平安。另外有的地区还用雄黄酒抹在小孩额上画"王"字，使小孩带有虎的印记，用虎辟邪。雄黄加水和酒洒于室内可消毒杀菌，饮蒲酒也有一定的保健作用。但是因为雄黄有毒性，所以雄黄酒内饮的做法已经不存在了。

（二）挂菖蒲、艾草，贴五毒符、佩香囊、系五彩绳等避邪习俗

　　端午这天，人们悬挂菖蒲、艾草于门前，这一习俗来源已久。《荆楚岁时记》中有："采艾以为人，悬门户上，以禳毒气"的记载，除采艾扎作人外，也将艾扎作虎形，称为艾虎，以祛邪避恶。《风俗通义》云："虎者阳物，百兽之长也。能执搏挫锐，今人卒得恶遇，烧煮虎皮饮之，系其爪，总在辟邪，亦辟恶。"看来端午节悬挂、佩戴艾虎的习俗已经有千年以上的历史。晋代《风土志》载："以艾为虎形，或剪彩为小虎，贴以艾叶，内人争相戴之。以后更加菖蒲，或作人形，或肖剑状，名为蒲剑，以驱邪却鬼。"《燕京岁时记·菖蒲·艾子》中说："端午日用菖蒲、艾子插于门旁，以禳不祥，亦古者艾虎、蒲剑之遗意。"《荆楚岁时记》中也有记载："五月五日，以艾为虎形，或剪彩为小虎，贴以艾叶，内人争相带之。"

　　到了清代，人们悬挂的就不止艾草和菖蒲两种植物了，顾铁卿在《清嘉录》中记载："截蒲为剑，割蓬作鞭，副以桃梗蒜头，悬于床户，皆以却鬼。"旧时人们认为，桃梗是辟邪之物，蒜头被认为是象征武器铜锤，与蒲剑、蓬鞭相配，以赶却鬼祟。这种说法有很重的迷信色彩，不过，艾草的药用功能却是有据可查的。《本草纲目》记载：艾以叶入药，性温、味苦、无毒、纯阳之性、通十二经，具回阳、理气血、逐湿寒、止血安胎等功效，亦常用于针灸，故又被称为"医草"。艾，又名家艾、艾蒿。它的茎、叶都含有挥发性芳香油。它所产生的奇特芳香，可驱蚊蝇、虫蚁，净化空气。中医学上以艾入药，有理气血、暖子宫、祛寒湿的功能。将艾叶加工成"艾绒"，是灸法治病的重要药材。

　　端午节小孩佩香囊，香囊内有朱砂、雄黄、香药，外包以丝布，

清香四溢，再以无色丝线弦扣成索，做成各种不同形状，结成一串，有避邪驱瘟之意。端午毒饰是人们用以毒攻毒的办法来达到祛邪除病的目的，如小孩穿上绣有花鸟虫鱼等可以制毒防毒的动植物图案，或绣老虎、蝎、蜥蜴、蜘蛛、蜈蚣等五毒。在夏季气候闷热，蚊虫肆虐，儿童身体抵抗力差，因此人们在端午节间都会给儿童的手腕、脚腕戴五彩丝线。南宋《干淳岁时记》中已有端午佩戴五毒饰品的习俗。汉代应劭《风俗通义》记载："午日，以五彩丝系臂，避鬼及兵，令人不病瘟，一名长命缕，一名避兵缯。"其中五彩线是用红、黄、青、白和黑色五种颜色的线制成，是与中国阴阳五行学说中的火、土、木、金、水相对应的。将五彩线缠绕在铜钱上或者做成虎头的形状，以避蛇毒虫伤害。从另一方面看，又充分体现了祝贺的含意，给孩子用五彩丝线系脖颈、缠手足腕，俗称长命缕、续命缕、百岁锁、健锁。这正是端午节的两个积极主题，即驱邪避瘟和祝贺祈寿。

（三）吃粽子、划龙船等祭祀习俗

吃粽子、划龙船是端午节最具代表性的习俗，这些习俗源于祭祀性和纪念性活动。

早在晋代粽子就已作为夏至节的节令食品出现了，当时包粽子的原料除糯米外，还添加中药益智仁，煮熟的粽子称"益智粽"。南朝时期，由于祭祀屈原进入端午节的习俗意义之中，粽子可能也相应从夏至节的节令食品转移到端午节中，梁人吴均的《续齐谐记》中有很详细的记载：

"屈原五月五日投汨罗而死，楚人哀之，每至此日，竹筒贮米，投水祭之。汉建武中，长沙欧回白日忽见一人，自称三闾大夫，谓曰'君当间祭，甚善，但常所遗苦蛟龙所窃。今若有惠，可以楝树叶塞其上，以五彩丝缚之，此二物蛟龙所惮也'。回依其言。世人作粽，并带五色丝及楝叶，皆汨罗之遗风也。"

南北朝时期，出现杂粽，米中掺杂禽兽肉、板栗、红枣、赤豆，裹成的粽子还用作交往的礼品。在汉代，还有皇室赏赐百官粽子的习俗。到唐宋，粽子的种类更加繁多，而且它的社交、娱乐意义也长足发展。据陈元靓《岁时广记》引《岁时杂记》云，"端午粽子，名品甚多，形制不一。有角粽、锥粽、茭粽、筒粽、秤锤粽，又有九子粽"。宋朝时，已有"蜜饯粽"，即果品入粽。诗人苏东坡有"时于粽里见杨梅"的诗句。这时还出现用粽子堆成楼台亭阁、木车牛马做的广告，说明宋代吃粽子已很时尚。元、明时期，粽子的包裹料已从菰叶变革为箬叶，后来又出现用芦苇叶包的粽子，附加料已出现豆沙、猪肉、松子仁、枣子、胡桃，等等，品种更加丰富多彩。

龙舟竞渡是端午节另外一项最具代表性的习俗。《荆楚岁时记》中记载："五月五日竞渡，俗云为伤屈原之死，故以为舟楫救之。"《初学记》卷四中也有："竞渡，俗谓之屈原死于汨罗江，伤其死所，并命将舟楫以拯之，至今为俗。"《乐府诗集》卷九十四《竞渡曲》（刘禹锡）题解中载："旧传屈原死于汨罗，时人伤之，竞以舟楫拯焉，因以成俗。"

"龙舟"起源很早，最初龙舟的用途并非竞渡，也没有和端午节联系在一起。闻一多先生考证为，龙舟竞渡起源于吴越民族举行龙图腾崇拜祭祀的节日，《说苑·奉使篇》载："诸发曰：'彼越……处海垂之际，屏外蕃以为居，而蛟龙又与我争焉，是以剪发文身，烂然成章，以像龙子者，避水神也'。"《汉书·地理志》下应劭云："（越人）常在水中，故断其法，而文其身，以像龙子，故不见伤害也。"古代吴越族为了表示自己是龙的子孙，很早就流行"断发文身"的习俗。

在图腾祭祀活动中用龙舟竞渡来展示其文化特征。1976年浙江鄞县石秃山出土了春秋战国时期的青铜钺，上面刻有龙舟竞渡的图案。此外，在云南晋宁石寨山古墓出土的一面残铜鼓上，有舟船竞渡的图纹，图中的船体狭长平浅，首尾微翘，桨手们作奋力划桨姿态，船上的指挥面对桨手作有节奏的鼓动和指挥。桨手们的头上都有雉尾装饰，且向后飞扬，反衬出船体飞速前进。广西贵罗古墓出土的铜鼓上层，有完整的龙舟竞渡图像。它们的时代约相当于战国至东汉（公元前5世纪－公元1世纪）。

由此看来，龙舟竞渡很早就有了，但把端午节吃粽子、挂五色线禳灾等和龙舟连在一起组成为共同风俗，应该在晋以后，周处《风土记》中记载："仲夏端午，烹鹜角黍……采艾悬于户上，蹋百草，竞渡。"

在后来的发展中，龙舟竞渡的内容趋向复杂，但表现在各个地区又有所不同。龙船竞渡前，先要请龙、祭神。如广东龙舟，在端午前要从水下起出，祭过在南海神庙中的南海神后，安上龙头、龙尾，再准备竞渡。并且买一对纸制小公鸡置龙船上，认为可保佑船平安（隐隐可与古代鸟舟相对应）。闽、台则往妈祖庙祭拜。有的直接在河边祭龙头，杀鸡滴血于龙头之上，如四川、贵州等个别地区。

而在湖南汨罗市和湖北的屈原家乡秭归有祭拜屈原的仪式，祭屈原之俗，在《隋书·地理志》中有记载："其迅楫齐驰，棹歌乱响，喧振水陆，观者如云。"唐刘禹锡《竞渡曲》自注："竞渡始于武陵，及今举楫而相和之，其音咸呼云：'何在'，斯招屈之义。"可见两湖地区，祭屈原与赛龙舟是紧密相关的。

明代杨嗣昌的《武陵竞渡略》详细记载了明朝沅湘一带的竞渡习俗：

"竞渡事本招屈，实始沅湘之间。今洞庭以北，武陵为沅，以南长沙为湘也。故划船之盛甲海内，盖犹有周楚之遗焉。宜诸略仿效之者不能及也，旧制四月八日揭蓬打船，五月一日新船下水，五月十日、十五日划船赌赛，十八日'送标'迄，便拖船上岸。今则兴废早晚，不可一律，有五月十七、八打船，二十七八'送标'者。"

从记载可以看出，龙舟竞渡从五月一日就开始了，持续的时间也比较长，而且竞渡的时间不统一。

在龙舟竞渡的发展中，有些地区还出现了"旱龙舟"的形式。《琼州府志》载："城中人缚竹为船，用五色纸为饰，鸣钲鼓沿街作竞渡状，名曰旱船。"《徽州府志》载："五月五日迎神船疫，船用竹为之；装画状似鳅，以十二人为神，载而游诸市。"《江西通志》"金溪城……每当五月五日，城内造龙舟，以人装故事其上，一舟数百人舁之，行诸陆地，云禳瘟气也。"《南昌府志》载："五月五日为旱龙舟，令数十人舁之，传葩代鼓，填溢通衢，士女施钱祈福，竞以爆竹辟除不祥。"从这些地方志的记载当中，我们大体可以看出旱龙舟主要是以表演为主，这种活动在当地是以禳灾为目的。

到了清代，龙舟竞渡无论从内容还是形式都有了进一步的发展，其所显示的端午节俗意义更加明确。《清嘉录》中引了一首无名氏《划龙船》乐府诗云："汨罗已死三千年，招魂野祭端阳前。苏州龙船夸绝胜，百万金钱水中进。冶坊浜口斟酌桥，楼头水面争妖娆。小龙船划疾如驶，大龙船划乱红紫。胜会争夸十日游，青帘画舫结灯球。四更堤外笙歌散，博得人称假虎丘。"

从对竞渡的史料记载中我们可以看出，竞渡从早期的禳灾除邪、速度较量，发展为节日里以娱乐和表演的方式吸引市民观众的参与，其内容更加丰富，表现出更强的节日性和综合性特点。

端午节流传至今，其基本形态如食粽习俗和竞渡习俗变化较小，其他节俗都受到了影响。由于时代变迁，现代科学观念与医学知识使端午避瘟保健的节俗主题自然降低，追悼先贤的主题、与神灵祭祀融合的端午重要节俗和信仰在许多地方已受冷落。21 世纪以来申报和保护非物质文化遗产的浪潮中，端午节出现了更倚重于屈原为依托的粽子、龙舟等关键符号，而呈现出标准化、趋同化、简约化的倾向。

（四）斗百草、回娘家等娱乐团聚习俗

端午节斗百草的习俗也起源很早。

对这一习俗的明确记载在南朝，《荆楚岁时记》云："五月五日，四民并踏百草，又有斗百草之戏。"此后也有很多文献提到，唐代韩鄂《岁华纪丽》云："端午，结庐蓄药，斗百草。"白居易《观儿戏》中有"弄尘或斗草，尽日乐嘻嘻"的诗句，南宋诗人范成大有诗句"青枝满地花狼籍，知是子孙斗草来"。斗百草是在野外进行的，一种是"文斗"，即斗草名，比赛对自然界百草的熟悉程度，互相以草名对答。还有一种是"武斗"，比试草的韧性，以强健为胜。这种活动可以增加生活乐趣和社会见识，后来更多突出娱乐和游戏的功能。

明代还把端午节称为"女儿节"，明刘侗、于奕正《帝京景物略·春场》云："五月一日至五日，家家妍饰小女，簪以榴花，曰女儿节。"清潘荣陛在《帝京岁时纪胜·五月端阳》中也有记述："饰小女尽态极妍，已嫁之女亦各归宁，呼时日为女儿节。"

在以前的老北京，习俗从五月初一开始，至五月初五日，家家都要让女孩打扮鲜艳漂亮，还给她们带上石榴花，已嫁之女则必须回娘家吃粽子，这一习俗也称为"躲端午"。出嫁的女人要在端午节的时候回娘家探亲，探亲时，手臂上系着彩色丝线、胸前戴着红绒花。巧手媳妇还会编织五彩粽子佩戴身上祈福增寿。当然如今各地庆祝端午节已经没有以前那么的讲究，出嫁的女儿在端午这天回娘家也不必遵循旧俗准备过多东西，现代人简单的做法，多数是提个粽子礼包，带点时令水果回去看看家人，主要还是追求那一份团聚的温馨。

中秋节的传统内容

（一）祭月、拜月、赏月

中秋节是以月亮为主题的节日。作为节日，虽然是以娱乐为主，但祭拜月亮的初衷总是伴随着它。宋金盈之《醉翁谈录》卷四记京城中秋之俗云："京师赏月之会异于他郡。倾城人家女子，不以贫富，字能行至十二三，皆以成人之服服饰之，登楼或于中庭焚香拜月，各有所期。……俗传齐国无盐女，天下之至丑，因幼年拜月，后以德选入宫，帝未宠幸。上因赏月见之，姿色异常，帝爱幸之，因立为后。乃知拜月有自来矣。"河北《宛平县志》："八月十五日祭月，其祭用果饼，剖瓜瓣错如莲花，设月光纸，向月而拜，焚纸，撤供，散家人必遍。"山西《永宁州志》："中秋节亲友赠送月饼瓜果酒肴之属，夕则守夜烧香，恭祀太阴星主。"河南《郑州志》："中秋备月饼祭月，谓之玩月。"江苏《如皋县志》："中秋夜设瓜果饼饵祀月，儿女罗拜。"广东《四会县志》："中秋设果饼，望月而拜，致词，谓之请月姑。"这些记载表明祭月一直是中秋节的重要内容。

据史书记载，早在周朝，古代帝王就有春分祭日、夏至祭地、秋分祭月、冬至祭天的习俗。其祭祀的场所称为日坛、地坛、月坛、天坛。分设在东南西北四个方向。北京的月坛就是明清皇帝祭月的地方。祭拜的对象是月神，也称作太阴星、月姑。《周礼·春官·典瑞》"以朝日"郑玄注："天子当春风朝日，秋分夕月。""夕月"就是祭月。《管子·轻重己》："秋至而禾熟，天子祀于大蕊，西出其国百三十里而坛，服白而挽白，措玉惚，带锡监，吹埙淡之风，凿动金石之音，朝诸侯、卿大夫、列士，循于百姓，号曰祭月。"清潘荣陛《帝京岁时纪胜·八月》："西郊夕月，乃国家明禋之大典也。"

　　普遍的祭月场景是这样的：祭月于八月十五月亮升起时进行，于露天设香案，上面摆满各种供物，如时令瓜果。中秋节品尝瓜果的习俗很早就有了，宋代孟元老《东京梦华录》谈中秋习俗说："是时螯蟹新出，石榴、榅勃、梨、枣、栗、孛萄、弄色枨橘，皆新上市。"祭月所使用的水果，虽然是应节时果，但有些也有它的特殊意义。像带枝毛豆是兔子最喜欢吃的东西，鸡冠花象征着月亮里面的婆娑树。其中月饼和西瓜是绝对不能少的。西瓜还要切成莲花状，陈列好，再加上清茶、素油、糖果、月饼等物。月饼称为团圆月饼，要放在特别的架子上，架底衬木版，将其直竖起来，摆在桌子中央，两旁摆着如人一样站立、手持捣药杵的兔形月饼。桌上还摆满供器，如烛台、香筒、香炉等。在月下，将月亮神像放在月亮的那个方向，燃起红烛和檀香后，全家人开始拜祭月亮，恭祀"太阴星主月光菩萨"来享用。民间以为，月亮属阴，须由女人先拜，男人后拜，也有些地区存在"男人不拜月"的规矩。拜完后，把月光像焚烧，撤供，然后由当家主妇切开团圆月饼。切的人预先算好全家共有多少人，不能切多也不能切少，大小要一样。不在家的，也要给他留下一份。

　　到了唐代，中秋赏月、玩月颇为盛行。欧阳詹在《长安玩月诗》序中说："八月于秋，季始孟终，十五于夜，又月之中。稽之大道，则寒暑匀，取之月数，则蟾魄圆。"文人骚客登楼赏月、赋诗抒怀给赏月活动增添了另一番情趣。最著名的例子莫过于李白。"花间一壶酒，独酌无相亲，举杯邀明月，对影成三人。"当他酒酣兴发之际还要把酒问月："青天来月有几时，我今停杯一问之。人攀明月不可得，月行却与人相随。""今人不见古时月，今月曾经照古人。古人今人若流水，共看明月皆如此。唯愿当歌对酒时，月光长照金樽里。"秋分是八月的中气，日期并不固定，因此有时祭月时所见之月不是满月，有所遗憾。至唐代民间选择八月十五这一月满之日来祭月，让祭月之俗摆脱秋分的束缚，并将宗教色彩的庄严祭典世俗化为娱乐色彩的民俗活动，并由贵族逐渐延伸至民间。

宋代，赏月、赏桂、观潮蔚然成风。《东京梦华录》记载，宋都东京开封在中秋节前，所有酒店都买新酒，所有酒楼都要重新结彩装饰门面。到赏月之夜，东京城内"丝簧鼎沸，近内廷居民，夜深遥闻笙箫之声，宛若云外。闾里儿童，连宵嬉戏，市井并闻，至于通晓"。可见规模之盛大。可是有时中秋遇上多雨季节，往往浮云蔽月，尽管如此，仍然难扫去人们赏月的雅兴。文人墨客即使是遇上雨天，也要置酒以待。如邵雍《中秋月》诗所道："一年一度中秋月，十度中秋九度阴。求满直需当夜半，不睡观时意更深。"

到南宋中秋赏月更甚，记载也很多。据吴自牧《梦粱录》记载，当时王公贵胄，富家巨室，莫不登上高楼临轩望月。"或开广榭，玳筵罗列，琴瑟铿锵，酌酒高歌。"至于中等小康之家，"亦登小小月台，安排家宴，团圆子女，以酬佳节。虽陋巷贫窭之人，亦解衣市酒，勉强迎欢，不肯虚度"。中秋节夜"大街买卖，直至五鼓，玩月游人，婆娑于市，至晓不绝"。《新编醉翁谈录》对当时焚香拜月之风俗记载颇详："京师赏月之会，异于他乡。倾城人家，不以贫富，能自行者直十二三，皆以成人之服饰之，登楼或于庭中焚香拜月，各有所期。"

南宋中秋宫中赏月还专门建有"赏月桥"。据周密《癸辛杂识》记载："德寿宫中秋赏月之桥，是吴璘所进的阶石砌就，莹澈如玉。并用金钉铰桥。"我国各地至今遗存着许多"拜月坛""拜月亭""望月楼"的古迹。建国后，拜月被视为迷信落后的行为，在城市里销声匿迹。赏月的习俗也相对缩减，只在一些月色极美的风景区中，仍然会有赏月的节俗活动。

（二）吃月饼

中秋节吃月饼的习惯，在我国历史悠久。关于中秋节吃月饼的由来，有不同的说法。《中国风俗辞典》"月饼"条介绍说："传说起源于唐初。唐高祖李渊与群臣欢度中秋时，兴高采烈地手持吐蕃商人所献的装饰华美的圆饼，指着天上明亮的圆月，高声笑道'应将胡饼邀蟾蜍（即月亮）'，随即，将圆饼分与文武百官共食之，同庆欢乐。"

"月饼"一词最早见于南宋文献。周密《武林旧事》卷六《蒸作从食》下罗列了许多"蒸作"的食品，其中有"荷叶饼""芙蓉饼""羊肉馒头""菜饼""月饼"等名目。宋代时期注重赏月，真正将中秋节和月饼联系起来的是明代文献，并强调团圆的意义。如田汝成《西湖游览志余》卷二十《熙朝乐事》："八月十五日谓之中秋，民间以月饼相遗，取团圆之义。"当时心灵手巧的饼师，常把与月亮有关的神话故事如嫦娥奔月等作为图案印在月饼上，使月饼成为受百姓青睐的中秋美食。明代《宛署杂记·民风》，书中说"士庶家俱以是月造面饼相遗，大小不等，呼为月饼"。毫无疑问，明代中秋吃月饼的习俗已经出现并风行于世。

月饼的制作也越来越精细。月饼最初在家庭制作，以后出现了商品化的生产。明《酌中志》说："八月，宫中赏秋海棠、玉簪花。自初一日起，既有买月饼者。"月饼的种类繁多以清代为最。清《燕京岁时记·月饼》夸赞京城月饼"以前门至美斋为京都第一，他处不足食也"。杨光辅的《淞南乐府》记载淞南月饼是桃肉馅。袁牧《随园食单》记载刘伯月饼用松仁、核桃仁、瓜籽加上冰糖和猪油作馅。

《天津志略》（民国二十年铅印本）："十五为中秋节。……将祀月之月饼按人数切块分食，谓之团圆饼。"中秋节之所以历久不衰，恐怕主要靠了团圆的主题。苏轼说得好，"人有悲欢离合，月有阴晴圆缺，此时古难全"。所以，团圆的期盼是人类永恒的精神追求，这就决定了中秋节长久的存在价值。数百年来，中秋节吃月饼已经成为中华民族的一种根深蒂固的文化传统，月饼的制造业也逐渐发达。现今，月饼已成为传统糕点，品种更加繁多，形成了各种不同的风味。其中京式、苏式、广式、潮式等月饼广为我国南北各地的人们所喜食。

（三）玩兔儿爷

玉兔是月亮的动物化身形象，古代诗文常用它指代月亮。按上古时期最早的说法，月精是蟾蜍，汉代晚些时候才出现了月中有玉兔的说法。兔儿爷是在明朝末年出现的。明人纪坤（约1636年）在《花王阁剩稿》中记载："京中秋节多以泥抟兔形，衣冠踞坐如人状，儿女祀拜之。"这是最早的关于兔儿爷的记载。兔儿爷也许就是照着"月光纸"上的玉兔形象用泥塑造出来的。《帝京岁时纪胜》记载，"京师以黄沙土作白玉兔，饰以五彩颜色，千奇百状，齐集于天街月下摆摊出售"，大约是取意月中之兔。明清以来，民间常把玉兔当作尊崇的神物，称之为"兔儿爷"。到清末时期，兔儿爷变成既是拜祭品又是中秋节儿童的玩具。

经过民间艺人的大胆创造，这时的兔儿爷已经人格化了，工艺相当精美，成为具有浪漫主义色彩的艺术品。他们大的有三尺多高，最小的只有三寸大小。大长耳朵，白面红唇，双目直视，三瓣嘴紧闭，脸蛋上施淡淡胭脂，俊秀中含威武，端庄中有稚气，活泼而生动。他们中有扮成武将身披战袍盔甲的，有背插纸旗或纸伞或坐或立的，有骑着老虎、麒麟、孔雀和仙鹤的，有兔首人身的商贩、剃头匠、鞋匠、卖冰棍、卖茶汤的。还有一种肘关节和下颔都能动的兔儿爷，俗称"叭叭嘴"，既滑稽又可爱。它们贵为祭台上的膜拜对象，但实在又是孩子们的绝妙玩具。

兔儿爷摊子从八月初摆出来，一直卖到中秋节的夜晚。现如今，兔儿爷境况可大不如前了，即使在春节的庙会和中秋节期间也很少见到兔儿爷的身影，孩子也渐渐地不知道兔儿爷是什么了。尽管如此，兔儿爷那美丽的传说故事和生动可爱的形象并没有从人们的记忆中彻底抹去。

七夕节的传统内容

（一）晒书晒衣

最早提及七夕曝晒活动的是东汉崔寔的《四民月令》（成书于166年）。其文曰："七月四日，命治曲室，具薄持槌，取净艾。六日，馔，治五聲（按：同谷）磨具。七日，遂作曲及磨具。是日也，可合蓝丸及蜀柒（《太平预览》卷三十一作'漆'）丸，曝经书及衣裳，作干糗，采慧耳也。"这里提到七月七日有多种民俗活动，但流行于后世的主要是"曝经书及衣裳"。刘孝标注引晋戴逵《竹林七贤论》云："诸阮前世皆儒学，善居室，唯咸一家尚道弃事，好酒而贫。旧俗：七月七日法当晒衣。诸阮庭中烂然锦绮，咸时总角，乃竖长竿，挂犊鼻裈也。"说"法当晒衣"，可知是普遍流行的习俗。《太平御览》卷三十一引韦氏《月录》云："七月七日晒曝革裘，无虫。"又引宋卜子扬（沈佺期《七夕曝衣篇》诗自注引作"王子阳"）《园苑疏》："太液池西有武帝曝衣阁，常至七月七日，宫女出后登楼曝衣。"这都是七夕节曝衣习俗的反映。

曝书的风俗后世也时有记载。《世说新语·排调》："郝隆七月七日出日中仰卧。人问其故，答曰：'我晒书'。"《太平御览》卷三十一引晋王隐《晋书》："魏武帝辟，高祖以汉祚将终，不欲屈节于曹氏，辞以风痹不能起居。魏武遣亲信令使微服于高祖门下树荫下息。时七月七日，高祖方曝书，令使窃知，还具以告，乃重遣辟之。赖行者曰：'若复不动，便可收之。'高祖惧而应命。"《岁华纪丽》卷三《七夕》："曝书策，晒衣裳。"七夕节的曝书习俗一直延续至明清。北京《永平府志》载："七月七日，曝洗，作曲、合药。"河北《内丘县志》："七月七日暴衣书，不知乞巧。"安徽《建平县志》："七月七日，日中曝书辟蠹。"广东《揭阳县志》："七月七日晒衣。"随时间发展，曝书已成为流风遗韵，只见于少数地区，发展至近代，几乎已经消亡。

（二）穿针乞巧

乞巧是七夕节最具特色的民俗活动，所以七夕节又有乞巧节之称。尽管各地的乞巧方式不尽相同，但出现最早而且流行最广的就是女子月下拿线穿针。穿针乞巧的记载最早见于东晋文献。葛洪（283-368）《西京杂记》卷一："汉彩女常以七月七日穿针于开襟楼，俱以习之。"这里虽说是汉代的风俗，但我们在西晋以前的文献中看不到类似的记载，所以只能把它看成一种传说，实际反映的应该是作者生活的时代即东晋时期的风俗。南北朝之后，宋孝武帝《七夕》诗："秋风发离愿，明月照双心。偕歌有遗调，别叹无残音。开庭镜天路，余光不可临。沿风披弱缕，迎晖贯玄针。"《东京梦华录》则说："妇女望月穿针，或以小蜘蛛安合子内，次日看之，若网圆正，谓之得巧。"《太平御览》

卷三十一引梁顾野王《舆地志》："齐武帝起层城观，七月七日宫人多等之穿针，世谓之穿针楼。"《荆楚岁时记》记载古代女子在七夕夜的"闺中秘戏"："七月七日，为牵牛织女聚会之夜。是夕，人家妇女结采缕，穿七孔针，或陈几筵酒脯瓜果于庭中以乞巧。有喜子网于瓜上则以为符应。"梁简文帝《七夕穿针》诗："怜从帐里出，相见夜窗开。针欹疑月暗，缕散恨风来。"这些关于七夕穿针的诗歌反映了这一习俗在当时的盛行状况，也为后世的七夕节俗奠定了基础。

近世，穿针乞巧的风俗仍然流行。《中华全国风俗志》下篇卷二《山东·惠民县之岁时》："七月七日夜，妇女陈瓜果祭织女，结彩楼穿针，以乞巧。"又下篇卷三《南京采风记·岁时琐记》："七月七夕五更时谓有巧云见于天半，于是闺女皆乞巧焉。乞巧之法：于初六日取静水一碗，置日中晒之，夜露一宵。初七日清晨，折细草，取浮水中，视其下所现之影形状如何而有种种名称，或戥子，或算盘，或针，或如意，或必定，牵强附会，以占休咎。"

一般认为月下穿针是为了求得巧智，这恐怕是后起的解释和观念。结合七夕节的主旨来考虑，穿针最初应该也是一种与生殖有关的祈祷仪式。唐代李复言《续玄怪录·定婚店》中记了一个"月下老人"的传说，这个传说有两点与穿针乞巧习俗密切相关，一是背景都是月下；二是都有线绳。五代后周王仁裕《开元天宝遗事》卷上《牵红丝娶妇》也有这样一则趣事："郭元振少时美风姿，有才艺，宰相张嘉贞欲纳为婿。元振曰：'知公门下有女五人，未知孰陋，事不可仓卒，更待忖之。'张曰：'吾女各有姿色，即不知谁是匹偶。以子风骨奇秀，非常人也，吾欲令五女各持一丝，幔前使子取便牵之，得者为婿。'元振欣然从命。遂牵一红丝线，得第三女，大有姿色，后果然随夫贵达也。"这两则与婚配有关的故事中都有线绳的情节，后世也有"千里姻缘一线牵"的俗语。

同理，月下穿针乞巧和生殖的关系，和月亮在许多民族中都是生殖女神的象征有关系，梦月而孕的观念历史上也很流行。《宋史·后妃列传》："初，母庞梦月入怀，已而有娠，遂生后。"《南史·梁本纪下》："采女梦月堕怀中，遂孕。天监七年八月丁巳生帝。"由此看来，穿针之所以要在月下，牵线者之所以为月老，都有生殖文化的因子。

（三）祈求子嗣

七夕节的一项重要活动内容就是祈求子嗣。《西京杂记》卷三载："戚夫人侍儿贾佩兰后出为扶风人段儒妻，说在宫内时，见戚夫人侍高帝，……至七月七日，临百子池，作于阗乐。乐毕，以五色彩相羁，谓为相连爱。"其中，"临百子池"及"连爱"的做法分明跟祈子有关。《中华全国风俗志》下篇卷七《广州岁时记》："初六夜初更时焚香燃烛，向空叩礼，曰迎仙。自三鼓以至五鼓，凡礼拜七次，因仙女凡七也，曰拜仙。……拜仙之举，已嫁之女子不与会。惟新嫁之初或明年，必行辞仙礼一次，即于初六夜间礼神时，加具牲礼、红蛋、酸羌（疑为'枣'误）等，取得子之兆。"未婚及新嫁女子行拜仙礼而久婚女子不与会，是因为前两种人得子的愿望更为迫切，事关重大，而仙女赐嗣是有限的，所以社会不许久婚者染指。有些地方将七月七日选作为定婚的日子。湖南《新田县志》："此日多定婚纳采。"

生殖功利是一条贯穿七夕节日始终的主线，所以有些地方称七夕节又为情人节。封建社会里，子嗣的重任几乎全部推给女子，所以女子对七夕节尤为关心。牛郎织女的传说，一方面是一个哀婉动人的爱情故事；另一方面也跟生殖有关。鹊桥相会的情节是现实生活中"走桥"

习俗的反映，而"走桥"的原始动机就在于祈子。江苏《如皋县志》中记载："女子相携出行，争拾云路桥砖，为得子之兆。今更讹至集贤桥。名曰走三桥。"此例子中走桥的目的是为了得子。北京《宛平县志》："亲邻相过从，至城门下摸钉儿，过津梁，曰走桥儿。"这句话中摸钉与走桥并行，摸钉的目的也是祈子。

节日期间，人们祭祀牛郎织女的目的主要并不是同情二人的不幸遭遇，而是人们自身的切身利益，正如《风土记》所言，是为了乞富乞寿乞子嗣，而以乞子为主。因为女子在生殖过程中承担了主要角色，因此，七夕节祭祀的主神是被人们当作生殖女神的织女，牛郎最多只是个配享的角色。向织女乞巧时除了用瓜果外，喜子也是常见的道具，喜子之名同样寄托了人们对喜得贵子的期盼。

重阳节的传统内容

（一）登高、赏菊、饮酒、赋诗

重阳登高，是重阳节的一大景观。伴随着登高的，是插茱萸、赏菊花，饮酒、赋诗。王维的诗《九月九日忆山东兄弟》云："独在异乡为异客，每逢佳节倍思亲。遥知兄弟登高处，遍插茱萸少一人"，告诉了我们古人有重阳登高插茱萸的习俗。而杜牧的《九日齐山登高》"江涵秋影雁初飞，与客携壶上翠微。尘世难逢开口笑，菊花须插满头归"，则告诉了我们古人还有登高赏菊、饮酒、赋诗的习俗，并且后者更甚。

一般人都认为陶渊明的"秋菊有佳色"为菊花最早作为观赏植物的记载，其实不然，钟会在他的《菊花赋》中已经写道："于是季秋九月，九日数并。置酒华堂，高会娱情。百卉凋瘁，芳菊始荣，纷葩韡晔，或黄或赤。"这是菊花第一次作为独立主题出现的赋文，文中除了颂扬菊花外，还给了我们一个重要的信息，即重阳节习俗这时已从汉代的饮菊花酒发展到饮酒的同时还要赏菊。因此可以认为，重阳赏菊的习俗，约在魏晋时已初步形成。西晋周处《风土记》载："汉俗九日饮菊花酒，以被除不祥。九月九日，律中无射而数九，俗尚此日折茱萸以插头，言辟除恶气，而御初寒。"在《宋书·陶潜传》中，记载了陶渊明"尝九月九日无酒，出宅边菊丛中，坐久，值弘送酒至，即便就酌，醉而后归"的故事，为我们描绘了一幅憨态可掬的文人赏菊图。以后，这个故事又演化为"白衣送酒"的趣闻（此事也见于南朝宋·檀道鸾《续晋阳秋》）。包括历史上孟嘉落帽的故事，都为后世留下了赏菊的千古佳话。

　　文人雅士的赏菊，一般多侧重于赋诗饮酒。重阳前后，或持尊独酌，抒写愁绪；或三五对坐，把酒临风，一时兴起，便成佳句。孟浩然的"待到重阳日，还来就菊花"，表达出对重阳赏菊的无限憧憬和期待；王绩的"香气徒盈把，无人送酒来"，则再用渊明赏菊之典，雅趣横生；李白的"紫绶欢情洽，黄花逸兴催"，依旧浪漫，豪情不减；杜甫的"从菊两开他日泪，孤舟一系故园心"，则体现出游子思乡情切的感情；李清照的"东篱把酒黄昏后，有暗香盈袖。莫道不销魂，帘卷西风，人比黄花瘦"，诉尽人生愁苦与无奈；而像"眼前景物年年别，只有黄花似故人"，则传达出朋友之间心心相印的感情。另外，"荷尽已无擎雨盖，菊残犹有傲霜枝"，则简直就是志士仁人的象征。

　　文人赏菊咏菊，其实是在借菊花自抒怀抱，在对菊花的赞美中，寄寓着诗人的人格理想。千百年来，他们为我们留下大量这样的咏菊诗。唐代皇帝大多写有咏菊诗，如唐太宗的"圆花簇嫩黄"，唐德宗的"芳菊舒金英"。唐景龙三年，中宗李显于重阳节宴集群臣登高赏菊，在宴席中要求群臣"人题四韵，同赋五字，其最后成，罚之引满"，玩起了行酒令的游戏。而宴席中人的诗句都是咏菊的，如"泛桂迎樽满，吹花向酒浮"（中宗李显），"金风飘菊蕊，玉露泫萸枝"（韦安石），"簪挂丹萸蕊，杯衔紫菊花"（赵彦伯），"萸依佩里发，菊向酒边开"（卢藏用），等等。

而宋徽宗之痴情于菊，则更胜他人。据明谈孺木《枣林杂俎》一则记载说："宋徽宗艺菊，有小朵银色者，不令分种于外。禁中名曰'不出宫'。《菊谱》所谓'御爱菊'也。"《东京梦华录》《梦粱录》《乾淳岁时记》中都记载了两宋时期重阳前后的赏菊盛况：每当九月重阳到来之际，那些黄白色蕊若莲房的"万龄菊"，粉红色的"桃花菊"，白而檀心的"木香菊"，黄色而圆者的"金龄菊"，纯白而大者的"嘉容菊"，随处可见，以至酒家也要把菊花拿来装饰门户。虽说朝廷百官皆此日赏菊，白天在庆瑞殿分列万菊，灿然炫眼，夜晚点上菊灯，宛如元夕，极尽排场之豪华，但普通的士庶之家，也会买一二株玩赏，寻觅雅趣。由于南宋艺菊技术的提高，在临安（今杭州）还出现了花市、花会。那些艺菊高手，每至重九，便各出奇花比胜，"谓之开菊会"。这是最早的有关菊花会的记载。

到了清代，有的地方在重阳节前后举行菊花大会，更是吸引无数人，以致出现倾城出动、万人云集的情况。这种菊花大会，一般三五年或十年举办一次，而广东小榄镇六十年一次的菊花大会更是盛况非常。据说一生能遇上两个甲子的菊花大会，便算是很有福气的人了。在"万菊亮艳、菊龙欲飞"的菊花大会上，有各种各样的赛诗会，还有画家当场泼墨画菊，热闹非凡。在清朝故宫的御花园里，甚至还有皇帝在重阳节登高赏菊的假山，由此可见节日情景之一斑。

（二）吃重阳糕

重阳节一出现，糕就登堂入室，成了节日的重要组成部分。《玉烛宝典》记载："九日食蓬饵，饮菊花酒。"《荆楚岁时记》"九月九日四民并藉野饮宴"，杜公瞻注："今北人亦重此节，佩茱萸，食饵，饮菊花酒，云令人长寿。"蓬饵一词可从后世的"蓬糕"知其大略。糕这个名称出现较晚，它是由于字形讹误而造成的。《方言》卷十三："饵谓之餻。"餻即糕的异体。

重阳的饮食之风，除前所述的饮茱萸、菊花酒之外，还有好多，其中最有名的就是吃重阳糕。花糕、菊糕、五色糕等皆统称为重阳糕。在民俗观念中，五色具有避邪消灾的功效。《玉烛宝典·五月仲夏》引应劭《风俗通》云："夏至，五月五日，著五采避兵，题曰'野鬼游光'。"在古代神话中，女娲用来补天的材料不是别的，正是五色石。重阳节喜欢用五色装点节日同样体现了它避邪的初衷。

河北《庆云县志》："九月九日婚姻家相馈，用面为糕，五色错杂，谓之重阳糕。"《中华全国风俗志》下篇卷三记江苏吴中风俗云："重阳日居人食米粉五色糕，名重阳糕。"《梦粱录》卷五《九月》："逢九，此日都人店肆，以糖面蒸糕，上以猪羊肉鸭子为丝簇钉，插小彩旗，名曰'重阳糕'，禁中分及贵家相为馈送。蜜煎局以五色米粉塑成狮蛮，以小彩旗簇之，下以熟栗子肉杵为细末，入麝香糖蜜和之，摆为饼糕小段，或如五色弹儿，皆入韵果糖霜，名之曰'狮蛮栗糕'，供衬进酒，以应节序。"

唐代《岁时节物》云："九月九日则有茱萸酒，菊花糕。"据载，武则天也曾命宫女采摘百花和米捣碎，蒸制花糕，赏赐众臣。至宋代，重阳吃糕之风大盛。宋代孟元老《东京梦华录》云："都人多出郊外登高，如仓王庙、四里桥、愁台、梁王城、砚台、毛驼岗、独乐岗等处宴聚。前一二日，各以粉面蒸糕馈送，上插剪彩小旗，掺食丁果实，如石榴子、栗黄、银杏、松子肉之类。"明代高濂《遵生八笺》又记述："九月九日天明时，百姓把花糕切成薄片，搭在未成年儿女额头上，祝福道'愿儿百事俱高'。"百事俱高，包括高寿，正是吃重阳花糕的含义所在。张朝墉《燕京岁时杂咏》诗云："惨淡黄花照酒卮，茶炉食盒去何之。百官已赐花糕宴，宴罢登高不算迟。"记载了清朝时，朝廷重阳节宴赐百官花糕宴的习俗。

由于重阳糕色彩斑斓，所以后世又成为花糕。明刘侗、于亦正《帝京景物略》（《说郛续》卷二十八）："九月九日……面饼种枣栗，其面星星然，曰花糕。糕肆标纸彩旗，曰花糕旗。"由于"糕"同"高"谐音，所以人们还用重阳糕寄托万事俱高的心愿。明高濂《遵生八笺》卷五引《吕公记》："九日天明时以片糕搭儿女头额，更祝曰：'愿儿百事俱高。'作三声。"时至今日，除了一些偏僻的乡村还残存一些节日的习俗外，城市中对重阳节的习俗较为淡漠。作为一个以祈求健康长寿为宗旨的传统节日，重阳节在人口老龄化日益严峻的今天仍然有它积极的意义。

（三）放风筝

"风筝"之名，据记载是出现在五代，《询刍录》曰："风筝，即纸鸢，又名风鸢。初，五代李邺于宫中作纸鸢，引线采风为戏，后于鸢首以竹为笛，使风入竹，声如筝鸣，俗呼风筝。""风筝"之物，最早见于春秋时期，初型均是鸟类。相传公输般（鲁班）"削竹为鹤，成而飞之"，"作木鸢以窥宋城"。这里的"竹鹊""木鸢"，就是古代风筝的雏型。不过，当时没有纸，只能用竹木制成。清人笔记中说：

"韩信率军十万围攻项羽于垓下，以牛皮制风筝一具，下置善笛之人吹思乡之曲，其声悲怨，楚军弟子八千人尽皆散去。"这里所说的汉代风筝，是用牛皮制成的风筝。东汉蔡伦造纸术发明后，始有纸制风筝，出现了"纸鸢"和"鹞子"的称谓。

无论南北，都有放风筝的记载。河南《清丰县志》载："重阳士大夫仿古遗事，率登高饮菊花酒，儿童放纸鸢为戏。"陕西《城固县志》（《中华全国风俗志》上篇卷七）："九月（按：当作日）儿童登高，竞放风筝，曰迎寒。"福建《海澄县志》："重阳日放纸鹞，曰风槎。夜系蜡而纵之，明彻星河，可通牛女，重问君平也。"广东《平远县志》："北地清明放风筝，南方重阳风力始道上，以此日多放纸鹞。多其样式，高者侵云。"

唐以后，风筝盛行，并定清明节为风筝节，宋以后更是在老百姓中间普及了，风筝的形状也已不局限于鹊、鸢、鹞等鸟类，虫、鱼、人神均有之，明清以后，风筝制已成为一种十分精湛的手工艺术。

由于放飞风筝多在清明，因此重阳放风筝可说是比较特殊的习俗。我国广东惠州民间即有重阳放"纸鹞"之俗。此习，除惠州流传的民谣中有叙述以外，光绪《惠州府志》亦有记述。但其来由无从考究。不过，惠州的"纸鹞"称谓很明显的是保留了五代以前的古老名称，且有"南北混合"的味道。因为风筝是五代以后的称谓，五代之前，北方习惯称"纸鸢"，南方则多叫"鹞子"。从惠州的岭南气候上观察，清明前后为雨季，春雨不断，这时显然是不适合于放纸鹞的，而重阳前后秋高气爽，劲风不断，人们按传统习俗要登山登高，进行户外活动，此时放纸鹞，天时地利人和，倒是颇为适合的。于是重阳这天，人们多伴以登高，在街道和旷野处放飞风筝，孩童、成人均有之，亦甚壮观。

放风筝在古代并不是单纯的娱乐活动，在民俗观念中它具有放去灾邪、除去晦气的心理寄托。《南史·贼臣·侯景传》载梁武帝末年侯景叛乱，国都建康的外城已被攻破，皇帝百官围困于内城台城。书中写道："既而中外断绝，有羊车儿献计，作纸鸦系以长绳，藏敕于中。简文出太极殿前，因西北风而放，冀得书达。群贼骇之，谓是压胜之术，又射下之。"叛军将对方放风筝的做法理解为压胜之术，可以说明当时放风筝就有消灾移祸的巫术意义。直到今天，一些地方仍忌讳断线风筝落入自家庭院，认为会带来晦气。可见现代人意识中仍有巫术思维之残留。

主要参考文献

中国古代文献：

东汉·班固，《汉书》，中华书局，1962 年版。

东汉·崔寔，《四民月令校注》（石汉声校注），中华书局，2013 年版。

清·陈梦雷，蒋廷锡，《钦定古今图书集成·岁功典》，中华书局影印本，1934-1940 年版。

隋·杜台卿，《玉烛宝典》卷五，中华书局，1985 年影印本。

唐·段成式，《酉阳杂俎》，上海古籍出版社，2012 年版。

唐·房玄龄，《晋书》，中华书局，1974 年版。

明·冯应京辑，戴任增释，《月令广义》，《四库全书存目丛书·史部》第 164 册，济南：齐鲁书社，1996 年版。

东晋·葛洪，程章灿译，《西京杂记》，贵州人民出版社，1993 年版。

明·高濂，《遵生八笺》，中国医药科技出版社，2011 年版本。

西汉·韩婴，许维遹释，《韩诗外传》，中华书局，1980 年版。

北魏·贾思勰，《齐民要术》，北京团结出版社，1996 年版。

宋·金盈之，《新编醉翁谈录》，辽宁教育出版社，1998 年版。

唐·柳宗元，《柳宗元集》，中华书局，1979 年版。

明·刘侗，《帝京景物略》，上海古籍出版社，2009 年版。

唐·刘餗，《隋唐嘉话》，中华书局，1979 年版。

唐·刘肃等，《唐五代笔记小说大观》，上海古籍出版社，2000 年版。

宋·李昉，《太平预览》，国学导航网站。

唐·李肇，《唐国史补》，古典文学出版社，1957 年版。

宋·孟元老，邓之诚注，《东京梦华录》，中华书局，1982 年版。

汉·刘安《淮南子》，顾迁注译，中华书局，2009 年版。

清·潘荣陛，《帝京岁时记》，北京古籍出版社1981年版。

清·孙诒让，《周礼正义》，中华书局，1987年版。

梁·沈约，《宋书》，中华书局，1974年版。

明·田汝成，《西湖游览志余》，上海古籍出版社，1980年版。

宋·吴自牧，《梦粱录》，三秦出版社，2004年版。

宋·王溥，《唐会要》，中华书局，1955年版。

五代·王仁裕等，丁如明辑校，《开元天宝遗事十种》，上海古籍出版社，1985年版。

清·王先谦，《后汉书集解》，中华书局，1984年版。

清·王聘珍，《大戴礼记解诂》，中华书局，1983年版。

佚名，《五朝小说大观》，上海文艺出版社，1991年影印本。

清·于敏中等，《日下旧闻考》，北京古籍出版社，1985年版。

梁·宗懔，《荆楚岁时记》（宋金龙校注），山西人民出版社，1987年版。

遵义黎氏校，钱学森图书馆藏，《古逸丛书丛书之十四·玉烛宝典》。

中国现代文献：

白兴发，《彝族文化史》，云南民族出版社，2014年版。

陈连山，《话说端午》，上海世纪出版集团，2008年版。

陈来，《古代宗教与伦理》导言，上海三联书店，2009年版。

程俊英，蒋见元，《诗经注析》，中华书局，1991年版

丁世良，赵放主编，《中国地方志民俗资料汇编 华北卷》，北京书目文献出版社，1989年版。

冯贤亮，《节岁时令——图说古代节俗文化》，广陵书社，2004年版。

冯时，《天文学史话》，社会科学文献出版社，2011年版。

黄意明，《先秦儒家情感论》，上海交通大学出版社，2009年版。

黄意明，《掬水月在手：中国古代诗歌的文化品读》，上海交通大学出版社，2017年版。

黄石，《端午礼俗考》，台北鼎文书局，1979年版。

黄寿祺，张善文，《周易译注》，上海古籍出版社，2004年版。

刘晓峰，《端午》，生活·读书·新知三联书店，2010年版。

罗振玉，《殷墟卜辞考释三种》，中华书局，2006年版。

廖明春、陈兴安，《吕氏春秋全译》，巴蜀书社，2004年版。

孟慧英，《西方民俗学史》，中国社会科学出版社，2006年版。

南怀瑾，《道家、密宗与东方神秘学》，复旦大学出版社，1998年版。

彭兆荣著，《人类学仪式的理论与实践》，民族出版社，2007年版。

秦惠兰，黄意明，《菊文化》，中国农业出版社，2004年版。

孙惠柱，《社会表演学》，商务印书馆，2009年版。

睡虎地秦简整理小组，《睡虎地秦墓竹简释文》，文物出版社，1990年版。

王力，《中国古代文化常识》，江苏教育出版社，2005年版。

王铭铭主编，《西方人类学名著提要》，江西人民出版社，2006年版。

王冰次注，林忆等校，《皇帝内经·素问》，上海古籍出版社，1991 年版。

徐复观，《中国人性论史》，上海三联书店，2001 年版。

谢元鲁，王定璋，《中国古代敬老养老风俗》，山西人民出版社，2004 年版。

杨琳，《中国传统节日文化》，宗教文化出版社，2000 年版。

杨天宇，《礼记译注》，上海古籍出版社，2004 年版。

袁珂，《中国神话传说词典》，上海辞书出版社，1985 年版。

叶舒宪，田大宪，《中国古代神秘数字》，陕西人民出版社，2011 年版。

苑利主编，《20 世纪中国民俗学经典·社会民俗卷》，社会科学文献出版社，2002 年版。

张勃，《唐代节日研究》，中国社会科学出版社，2013 年版。

张闻玉著，《古代天文历法讲座》，广西师范大学出版社，2017 年版。

朱炳祥，崔应令编著，《人类学基础》，武汉大学出版社，2006 年 4 月版。

张君，《神秘的节俗》，广西人民出版社，2004 年版。

西方文献：

[法] 葛兰言，《古代中国的节庆与歌谣》，赵丙祥 张宏明译，广西师范大学出版社，2005 年版。

[法] 克劳德·列维-斯特劳斯，《神话学：从蜂蜜到烟灰》，周昌忠译，中国人民大学出版社，2007 年版。

[法] 列维·布留尔，《原始思维》丁由译，商务印书馆，1981 年版。

[法] 列维·斯特劳斯，《忧郁的热带》，王志明译，上海三联书店，2000 年版。

[英] 马林诺夫斯基，《巫术科学宗教与神话》，李安宅编译，上海文艺出版社，1987 年版。

[美] 维克多·特纳，《仪式过程》，黄剑波，柳博赟译，中国人民大学出版社，2009 年版。

[美] 维克多·特纳，《庆典》，方永德译，上海文艺出版社，1993 年版。

[奥] 西格蒙德·弗洛伊德，《自我本我与集体心理学》，戴光年译，吉林出版社，2015 年版。

[美] 约瑟夫·坎贝尔，《千面英雄》，朱侃如译，金城出版社，2011 年版。

[英] 詹姆斯·乔治·弗雷泽，《金枝》，徐育新等译，大众文艺出版社，1998 年版。

[苏] 巴赫金《陀思妥耶夫斯基诗学问题》，白春仁，顾亚铃译，三联书店，1988 年版。

[美] 理查德·谢克纳，《人类表演学导论》，劳特利奇出版社，2013 年版。
(Richard Schechner, Performance studies:An Introduction,Routledge,2013.)

后记

　　本书主要是在文化部的课题《学校、社区、家庭相结合的新礼俗建设研究：以节庆为例》（14DH59）基础上修改而成，但说到节庆，笔者其实较早就有所思考。2004年笔者曾和秦惠兰合作，写成《菊文化》一书，已经涉及到重阳节俗的内容和现代节日功能的创新，并在2009年和秦惠兰合作在《文汇时评》呼吁将重阳定为国定假日。这可以说是此书的最早缘起。

　　本书中涉及"清明""端午""七夕""中秋""重阳"五大传统节日，之所以选择这五个节日，主要是因为这些节日加上"冬至"就贯穿了历法中的四季，且它们本身都是重大节日。由于"冬至"在近代的影响已不大，因此本书没有进行研究。

　　另外，我们之所以没有对春节进行考察，是出于两方面的原因：一是学者对春节的研究已经汗牛充栋，所以无需笔者再去置喙；二是春节相比于其他节日，影响依然深远，很多异地打工者无论平日多么辛苦，也要踏上春运返乡的列车。而我们研究的五个节日，却不同程度地面临衰微的窘境，需要予以文化创新和功能重建。

　　本书的很多内容在国家核心期刊和《文汇报》《解放日报》等报纸上发表过，一些人对此书作出过贡献。除了博士生孙伯翰在我的指导下参与了几个章节的写作外，秦惠兰老师参与了重阳节俗的研究、学生王曙轮参与过清明节俗的研究，学生高雅、刘帆等做了一些资料和文字的编辑整理工作，学生周晶收集了图片。在此一并表示感谢。

黄意明

2019.9.9

图书在版编目（CIP）数据

与时偕行：中国传统节俗文化的现代转化 ／ 黄意明
著. — 上海：上海文化出版社，2020.4（2020.5重印）
 ISBN 978-7-5535-1882-4

Ⅰ. ①与… Ⅱ. ①黄… Ⅲ. ①节日－风俗习惯－研究
中国 Ⅳ. ①K892.1

中国版本图书馆CIP数据核字(2020)第036295号

出 版 人 姜逸青

责任编辑 吴志刚

装帧设计 王　伟

书　　名 与时偕行：中国传统节俗文化的现代转化

作　　者 黄意明 孙伯翰

出　　版 上海世纪出版集团 上海文化出版社

地　　址 上海市绍兴路7号 200020

发　　行 上海文艺出版社发行中心

　　　　 上海市绍兴路50号 200020 www.ewen.co

印　　刷 上海颀辉印刷厂

开　　本 889×1194 1/32

印　　张 8.125 插页:2

版　　次 2020年4月第一版 2020年5月第二次印刷

书　　号 ISBN 978-7-5535-1882-4/G.303

定　　价 68.00元

敬 告 读 者 本书如有质量问题请联系印刷厂质量科 电话: 021-56152633